岩波現代文庫／文芸 303

塩を食う女たち

聞書・北米の黒人女性

藤本和子

JN230260

岩波書店

目次

塩を食う女たち　聞書・北米の黒人女性

生きのびることの意味——はじめに

わたしたちがこの狂気を生きのびることができたわけは、わたしたちにはアメリカ社会の主流的な欲求とは異なるべつの何かがあったからだと思う。アメリカ的な病ともいうべき物質主義と鬱病に、わたしたちはまだ一度も屈服したことはない。物はいくら所有したって足りない。貧困のどん底にあるような黒人たちのくらしの心を占めたのは物への欲求ではなく、何かべつのことだった。多くの黒人にとって、それは名付けようもないもの。指さして示して、ほら、これだ、ということができないもの。人びとはそれを宗教的偏見だとか、フードゥーとかヴードゥーとかいろいろにいうわけだけど。とにかく、わたしたちにはある種べつの知性を理解する能力がある。

ただし体験を言語化する言葉が見つからないことはしばしばあるのだけれど。

作家であり、運動家でもあるトニ・ケイド・バンバーラがこのように語ったのは、ジョージア州アトランタの真夏の真夜中だった。蚊に刺された脚に、不思議な妖猫ともいうべき細長いからだの白猫が擦り寄ってくる。トニはひどく汚れたガラス窓を拭いている。さっきまで使っていたゴム手袋ももう棄てて、いまは素手で雑巾とアンモニア水を武器に汚れたガラスとたたかっていた。真夏のアトランタの深夜に。十数年前に別れた夫が明日訪ねてくるから窓ぐらい拭いておきたい、ということだった。

わたしは、そう、この言葉を聞くためにアトランタまできてしまったのだと思った。――「わたしたちがこの狂気を生きのびることができたわけは、わたしたちにはアメリカ社会の主流的な欲求とは異なるべつの何かがあったからだと思う」。ただし「体験を言語化する言葉が見つからないことはしばしばあるのだけれど」。

わたしがアトランタのトニ・ケイド・バンバーラに行きつくまでに、すでに三年がたっていた。北アメリカの黒人の女性を訪ね歩いて話を聞こうときめたのは、『砂漠の教室』を書き終えたときだった。そう考えた理由はいくつもあったと思う。個人的な交友の中に強く惹かれるものがあって、この人びとの世界をつくり上げているものの正体は何かと興味を抱いたということもあった。同時代の女性作家たち、とりわけトニ・モリスンやアリス・ウォーカーなどの作品には、作家個人の創造性や真摯な態度の向こうに、これらの作家を衝き動かしている世界が、集団的な記憶が、伝統が、たましいの遺産が見えると感じられた。これらの作家に書かせているものの正体は何だろうか、と思った。昔はただ「うまいなあ」と感心して聴いていたアリサ・フランクリンの古いレコードを取り出してかけてみたら、それはまったく新しい衝撃だった。アリサとトニ・モリスンは正真正銘の姉妹なのだ。ニーナ・シモンとアリス・ウォーカーはやはり姉妹だった。

どういうことなのか。

手がかりは、たとえば、トニ・ケイド・バンバーラの「この狂気を生きのびることができたわけは」という表現にかくされているかもしれない。

いうまでもなく、「この狂気」とは、黒人の北アメリカにおける歴史的体験のことである。アフリカからの離散、奴隷、虐待、蔑視、貧困。「この狂気」を生きのびることを可能にしたものは何だったのか。その力はどこからやってきたのか。

「わたしはね、それまで一所懸命探して、探して。わたしたちがこんな境遇におかれてなお、こうして生きのびてきたのはどんなことのおかげなのかと、それが知りたかった。長いこと、どうしてもわからなかった。でも、西アフリカの川岸で薪の束を頭にのせて運んでいた一人の細いからだの小さな女に会ってから、ようやくわかったの。

　わたしも薪束を頭にのせてみたい、といったの。やってごらんなさい、というから、地面に置いてある束を持ち上げようとしたのだけれど、びくともしない。頭にのせるどころではないわけ。そこでそこにいた白人の男性に持ち上げるだけやってもらって頭にのせよう、と思った。体重九十キロ、身長百九十センチの巨漢よ。彼はやってみたけど、やはり持ち上げることはできなかった。誰にも。女たちはその薪の束を頭にのせて、毎日八キロの道を歩くのだといったのよ——。

　しばらくして、わたしはそのことの意味がわかった。そう、そうだったのだ。だからこそ、わたしたちは生きのびたのだと。彼らは特別にすぐれているのだ。あの無惨な大西洋の連行の航海を生きのび、二百年の奴隷時代を生きのび、それからまたその後の百年を生きのびたのだから。それなら、あたしもきっとすぐれているのだ。個人としても、と思った。その時から、わたしはわたしの中にあるもののすべてと、気の遠くなるような連行の船旅と奴隷……の生活とその後の経験から残されたもののすべてとを結びつけて考えるようになったの」

　ここまで話してくれて、ユーニス・ロックハート＝モスは喉をつまらせ、大粒の涙をぼろぼろこぼした。一九七九年の七月、中西部のミルウォーキーでだった。泣いてしまったことについて彼女は、「わたし、あのアフリカでの体験がどれほど深い意味をもっていたのか、忘れていたのね」といった。「あの瞬間はほんとに重要な意味をもっていたの。だって長いこと、とても長いこと、あの瞬間を求め、探していたのだから……誰だってそうだと思う。ポーランド人たちが集まってポーランドの踊りを踊るのだってそういうことだと思う」。ユーニスは個人とそれを衝き動かす生命力の関係を、個人が生きのびる力と集団がもつ力との接続点が目の前にはっきり見えた瞬間のことを語っていたのだった。

アフリカを訪ねた体験を、その接続点が見えた体験として語る黒人は多い。では離散からおよそ三百年、彼らを支え、生かし続けたそれは、原初の形態からどのように姿を変えて、しかもなお息づいているのだろうか。

それを知りたいと思ったのは、民俗学的な興味からではなかった。わたしは黒人が「生きのびる」という言葉を使うときには、肉体の維持のことだけをいっているのではないと感じていた。「生きのびる」とは、人間らしさを、人間としての尊厳を手放さずに生き続けることを意味している。敗北の最終地点は人間らしさを棄てさるところにあると。それは人間を家畜同様に、物と同じに扱う奴隷制の時代でもそうだった。

『流れよ、ヨルダン河、流れよ——奴隷の築いた世界』*Roll, Jordan, Roll: The World the Slaves Made* を著したユージン・ジノヴィージーは一つの「客観的な階級としての奴隷は、アメリカの文化全体を途方もなく豊かにすると同時に、一つの独立した黒人民族文化を創る基礎を築いた」という前提で、奴隷時代の文化をさまざまな面から検討している。もっとも苛酷な状況の中で、黒人は圧迫する目的で押しつけられたことがらに、自らの解釈を行なうことによってたえず逆転していたことが、生きのびる一つの力になっていた。

その例としてたいへん意味深いのは、白人の主人たちが奴隷を所有しその制度を維持していくために安定した力関係が必要だと感じたとき、また奴隷制を正当化しなければならないと感じたとき、彼らはそのためのイデオロギーとして家長統治による家族制を思いついた。北アメリカ南部のこの家族制思想は絶対に相容れえない階級的葛藤と人種的葛藤を一気に整合させてしまおうとする意図から生まれ、人間が人間の存在そのものと労働を所有するという奴隷制の基礎原理を不完全ながらも偽装することになった。すなわち奴隷制度といわずに家族制度ということで、絶対支配と服従を正当化できると考えたのだった。このような関係には必ず残忍さがつきものである。にもかかわらず、アメリカ南部型の家長制度は、家長制というイデオロギーを持ち込むことによって、うかつにも結果としては奴隷の人間性を認めてしまったことになった。さもなければ、彼らの意図するところは、家長制度という相互に義務を負う関係の一形式として成立しないことになる。ジノヴィージーはそこで、

かくして、奴隷は家長制度を、主人が意味したところの主義とは異なる主義として解釈する機会を得ることになった。それによって、その思想を、黒人にとって奴隷の身分であることは当然の条件であり、黒人は人種として劣る者であり、黒人奴隷たちにはいかなる権利もないという主張に対する抵抗の武器へとつくりなおしてしまった。

そして、奴隷は家長制の精神を受け入れ、階級支配を正当とすることによって、奴隷制というものに暗に含まれている人間の非人間化《デヒューマニゼーション》に対抗するきわめて力強い防御の方法論を展開した。南部の家長制は階級搾取と人種主義を強化したという一面を持ちながらも、同時に、知らずして、その犠牲者に彼らが社会秩序について彼ら自身の解釈を形成する機会を与えてしまったことになる。奴隷たちは、屈従を保証する手段と見なされていた信仰をばねにして、彼ら自身の権利と、人間としての価値を発現させることによって、奴隷制の本質を拒否したのだった。

ジノヴィージーの主張を日記や証言が裏付けている。白人の奴隷所有者たちの多くが日誌を残していった。彼らはしばしば「奴隷は子どものようなものである。わたしには彼らの面倒を見る責任がある。責任はひどく重く、わたしは夜もよく眠れぬほどいろいろ心配しなければならない」と書き、そのように心を砕く主人に対して奴隷は「子どもが父にするように服従すべきである」、それで何もかもうまく運び、「子どものような黒人たち」もしあわせになるのだと書き残していった。

いっぽう、奴隷制が廃止されることになった時を境にして、かつての奴隷たちからの証言を聞き書きとして記したものもかなり多くある。ニューディール政策時代にも連邦政府が援助して記録されたこともあった。かつて奴隷であった者たちが、自らを、人間ではない、労働する動物、主人の意志のままに動くのが当然であるだけの立場にある者として語っている例に会うことはない。彼らの証言はつねに、置かれた状況と自らの人間性の衝突について語り、人間らしさを失わずに生きのびる細い道について語っているのである。

奴隷の男たちは男としての責任感や誇りを奪われ、精神的に去勢され、だから解放後の百年も、彼らは家族や家庭に対する責任の自覚が持てない、だからスラムには母子家庭が多いなどと勝手に解釈して問題になったのは議会の「モイニハン報告」で、これは現在のスラムの現象から遡行して過去を推測し、しかも奴隷制の時代の法律と歴史的な現実をうかつにも同一視してしまった例だが、それ以前にも、奴隷には家族はなかったという神話(あるいは俗説)はあった。主人たちの気の向くままに売り買いされ、夫と妻、母と子、父と子はいつも切り離されていたのだから、と。奴隷同士の結婚も禁じられていたのだからと。だがそのような条件のもとでなお、彼らは家族というものを守ろうとした。脱走した奴隷についての調査はほとんどの場合、彼らが家族をどれほど大切に考えていたか、そしてそれが脱走の動機になっていることを明らかにしているとジノヴィージーは書いている。売られて別れ別れになった子どもたち、親たち、妻や夫を探し求めて、数多くの奴隷が脱走した。脱走の理由としては、主人による残虐な処罰を恨んでという理由が、家族に再会するためというのに続いていたという。

彼らは条件が許せば核家族的な形態も維持した。今日でも、黒人同士、他人を「シスター」「ブラザー」と呼びかけることはいくらでもある。これは、親はよそへ売られて、子どもはそれまでいたプランテーションや農場に残していかなければならなかった場合、仲間の奴隷に、「子どもをなんとかよろしく頼む」といって去って行ったのだが、残された子どもらは、共同体の家族のどれかに加えられて、育てられた。そうした子どもらは、ともに育てられた子どもたちと、たがいに「シスター」「ブラザー」と呼び合っていたという歴史的な背景がある、ということである。単なる人種的な同胞意識だけで今日でもそのような表現を使っているわけではない。むしろ奴隷時代に家族という集団を守ろうとした黒人の努力は、解放後の家族の形態の基礎をさえ作ったようで、それが現在にいたっても生きている。大家族制、とはいっても、実際の用語は extended family で、日本語の大家族制が血縁、地縁を軸にした排他的なイメージさえおびた暮らしの形態とそれに伴う精神のありようを連想させるのに対して、extended family は文字通り家族の単位の範囲を大きく広げ開いた感じがある。ただし一般的に使われる学術用語としてはそうとはいえないだろう。文化人類学などでいう場合には、血縁を前提としていることがほとんどなのだから。ただ一九七〇年代においてすらいまだに、黒人共同体における extended family は血縁も地縁も超えるものだったのである。人種さえ超えるいきおいでもある。わたしだって、わたしのむすめだって、いざとなれば抱き込んでくれるだろうとさえ思える。

明らかに、奴隷の時代の彼らが求め守ろうとしていたのは、日本語でいう「家」としての家族ではなかった。個が殉ずるものとしての「家」ではなかった。日本語の

「家」にはそういう背景があるから、わたしたちはべつの結びつきを意味するとき、「マイホーム」とか「ニューファミリー」とかいわなければならない。「大家族」もまずいから、コミューンという。

奴隷の身分にあった彼らが守ろうとしたのは、愛情の絆とたがいのいのちだった。しかもそれは開かれ広がりうる性格をそなえたものだった。

労働についても、彼らは彼らなりの解釈をもっていた。奴隷のそれなら、労働も労働の成果も、奴隷を所有する主人にすべて帰属するのが筋だし、奴隷の生命を維持するための最小限のものを投げ返してやればよいのだと主人側は考えていた。(泥や土を食べた奴隷がいた、という記録があるから、最小限の物も投げ返さなかった場合もある。)けれども奴隷は彼らなりの労働倫理の体系をつくっていった。それはカトリックやプロテスタントのキリスト教の労働倫理とはまったく違っていた。黒人にとって労働は罰でもなかったし、救済への道でもなかった。彼らは必要なら仮病もつかったし、サボタージュもやったし、ストライキもやった。白人には自らを「怠惰な人種」と呼ばせ、それを逆手にとることによって一つの主体性を獲得したとさえいえる。彼らは自らを怠け者として歌にまで歌った。『流れよ、ヨルダン河』からの孫引きだが、

とうもろこし畑に寝ころんでりゃ　黒人どもは　しあわせ
夕食を告げるあのつの笛が吹かれりゃ　黒人どもはしあわせ
夜がくりゃ　もっとしあわせ
見ろよ　おてんと様が傾いた！
牛もでっかい鈴を振り鳴らし
露もおりたから
蛙もでたぞ

「おれたちゃ……」と彼らは歌わず、「黒人(nigger)どもは」と自分たちを客体化して、その「黒人ども」は労働が神聖であったり、神から下された大罰だとは考えていないぞと歌っている(彼らは彼らが奴隷であるのは罪の深さに対する神の罰なのだ、黒人は呪われた者なのだという観念に本気で同意したことは一度もなかったようなのだ。黒人のキリスト教が変質して、死後の救済などをさかんに歌うようになった時代にも、そう考えたことはなかった)。それなら、彼らは働くことをひたすら忌み嫌ったのかといえば、そうではない。主人が与える食糧は量も栄養も不足していた。奴隷は子どもらの空腹を癒やし、丈夫に育てるために、真夜中に狩りに出かけた。小屋の傍らの空地にはびっしりと野菜などを植えた。にわとりも飼った。衣服の布地も織った。そういう作業は一日の労働が終わってからしたのだった。いつ眠ったのだろうか、彼らは？

苦難の中に人間らしさを失わずに生きのびるには、持続する意志がなければならない。

それを支えてきたものは何か。奴隷であった時代にも、白人たちは黒人を怠け者、運命論者、無感動に蝕まれた者などと呼んだ。いまもそのような態度は根深く残っている。日本からもちょっと出かけて行ってあちこちで白人たちの話を聞いたりして、そのようなことを受け売りで信じたり、意見として発表したりする。直接の交わりを持たない日本人は、それをまた受け売りで信じたりしている。彼らが真にそのような呼び名にふさわしい者たちであるなら、まさしく「狂気」を生きのびることはできなかっただろうことには注意を向けることもなく。

表面的には否定的な、負の性格を持つように見える態度ですら、両義性をおびている。正の性格を、エネルギーをかくし持っている。フロレスタン・フェルナンデスという学者はブラジルの黒人について、彼らの無感動に見える生活態度について、次のように述べているという。

無感動とは潜在的な起動力をひめた状態と見ることもできる。最後まで身体の力を抜いたままでいるというテクニックを使うのだというあらかじめの選択として。……つまり黒人やムラトーに許された唯一の抵抗の形式を意識的に意志的に使うわけである。黒人とムラトーの極端な無感動は個人的な自己主張の方法として現れたのだが、同時にそれは集団的抵抗の手段でもあるという意味合いをひめていた。

（『流れよ、ヨルダン河』）

宿命論は究極的な解放、最終的な勝利への希望を放棄しないための手段であり、決定的な瞬間には屈服を否定しさるものだ、ということである。降伏するかのように見える行為のまさにその中に起爆力がひそんでいる、ということである。

彼らは「与えられた」キリスト教を自らの解釈でヨーロッパ流のキリスト教とは大変かけ離れたものに変質させた。いや、むしろキリスト教という偽装の中にアフリカニズムをどんどん投げ込んだ。イエスの神学的な意味も、救済のヴィジョンも、「あの世」に対する思想も、「この世」に対する思想も、罪や罰に対する考えも、彼らは彼らなりの解釈を持っていた。根本にあったのは、頑固なまでの生の肯定だった。生を基本的によろこびあるものと考える文明の遺産を受け継いでやってきた人びとだった。

このようにして彼らは人間として生きのびる意志を持続させた。ということは、きわめてあからさまに、厳密な意味では「奴隷」という言葉そのものが成立しない状況をつくり出したということである。「奴隷」とはある人間の集団を、その肉体と精神の両方をもって、所有し管理すること、人間を意志を持たない「モノ」化することを意味するのだから、意志を持ち続けた「奴隷」の集団は用語そのものに真っ向から挑戦していたとさえいえる。もちろん、このようにいうことは、奴隷の時代の残虐を帳消しにしてしまうものではない。

人間らしく生きるためのたたかいは、奴隷制が廃止されてから始まったのではなかった。むしろたたかいの基盤は奴隷制という最悪の時代に形づくられたとさえいえる。しかも奴隷制そのものが法的に廃止されたところで、彼らの生活はよくはならなかった。極度の貧困、虐待、蔑視は続いた。南部から北部の都市へ流れて行く過程で崩壊し失われていったくらしの思想もあった。試練と苦難が続いた。それでもなお、彼らは生きのびた。なまなましい傷跡も見えるが、彼ら自身のものである特有の世界も残った。

わたしはその世界のことをおしえてもらいたいと思った。苦境にあって人間らしさを手放さずに生きのびることの意味を。訪ねて行き、彼らが自分史と共同体の歴史を掘り起こすとき、耳をすませていたいと思った。わたしが会って話を聞かせてもらったのは、二つの例外を除いて、ぜんぶ女性だった。例外はミシシッピー州ジャクソンのＥＬＦ（緊急土地基金）という黒人の土地所有を支援する組織の活動家の話を聞いたときと、やはりジャクソンで、泊めてもらっていた女性の家へやってきた四人の男性に夜遅くまで話を聞かせてもらったときだった。この四人はいずれもシカゴの黒人ゲットーや、低所得者用の集合住宅のある地域で育ち成人した人びとで、もう都市のスラムや低所得者用にしつらえられた劣悪な生活条件を見て暮らすのはご免だといって、ミシシッピーへ帰ってきた三十代と四十代の男たちだった。デルタ地方に黒人の衣類縫製会社をおこし、その金で黒人のための文化センターをつくりたいのだといっていた。「このままでは、おれたちの子どもがだめになる」と。

「黒人《ブラックス》は眠らないんだよ。知ってるかい。ついうとうとしようものなら、白いシーツを被ったやつらがついそこまできていても気がつかない。おれたちは眠らない民族だ。眠ってしまうと殺される」

四人のうちの一人は、繰り返しそういって、大きな声で笑っていた。部屋の中でも帽子を脱がない。白いシーツを被ったク・クラックス団がきたら、無帽で迎えるのはいやなのかもしれない。

ともかく、わたしが話を聞かせてもらったのはこの二つの例を除いて、あとはすべて女たちからだった。「男には興味はないのか」と問う男たちもいたし、「おれたちの女たちから、おまえは何を探ろうというのか」という男もいた。そうかと思うと、「女たちから話を聞くっていうあんたのやりかたは正しい。黒人の女たちこそ、この国の黒人の経験について語ることができるのだ。もっともひどい試練をくぐりぬけてきているのだからね」という男たちもいた。

黒人であり女であるとは、この世でもっとも低い場所に押しこまれていることなのだ、白人から圧迫され、黒人の男たちから圧迫され、つまり黒人であり女であるということは「この世のらば」であるということだと、ゾラ・ニール・ハーストンの小説『彼らの眼は神を見つめていた』*Their Eyes Were Watching God* に登場するナニーという名の、かつて奴隷であった老婆はいっている。この「この世のらば」という表現は、いまでも黒人の女たちに共感をもって使われている。繰り返しこの言葉が発せられるのを、わたしは聞いた。ヌトザケ・シャンゲという若い詩人・劇作家・演出家の処女作舞踏詩《コレオ・ポエトリー》『死ぬことを考えた黒い女たちのために』の中では、一人の女が「生きていること　女であること　黒人であることは形而上のジレンマであって／わたしとしてもまだ解決できていない／わかりますか」といっている。

けれども、なんとしなやかな「らば」たちであることか。いのちの力をあふれさせた、うつくしい「らば」たちであることか。彼女らのしなやかさと力強さと美しさの源泉は何か。このことについて知るためにとりわけ大切だと思われるのは、彼女らの歴史体験の総計を、黒人共同体の白人社会に対する対応に限って見る態度とはっきり訣別すること、白人からの圧迫の程度という尺度にのみ頼らないこと。黒人は北アメリカに無惨に連行されてからこのかた、ただひたすら白人に対応するだけで時間をやりすごしてきたのではないということは、強調しなければならないことなのだ。彼らはアフリカ大陸からもってきた文化を、あらゆる手段を使って生かし続けようとしたし、今アメリカの南部に残る「南部文化」と呼ばれるものは、白人がひとりでつくり上げたものではなく、黒人の集団的な想像力がはっきりとその形成に力を与えてきた。リリアン・ヘルマンが南部で育った彼女の母親は「黒人女性たちによってその感性を養われた」と語っているのは、差別者と被差別者という図式では捉ええない関係について、またさらに黒人の文化や世界観が実体的なものであり、完結性をそなえている事実に触れていることなのだ。スカーレット・オハラの台所にいた女たちは、実体ではなくて、マーガレット・ミッチェルの頭の中にいた――。

聞き書の作業の過程で大変力を貸してくれた黒人女性の一人は、彼女がそうと公言しなければわからないほど、皮膚の色は白く、わたしたちは皮膚の色とは一体何なのかということについて話し合ったが、彼女はこの問題はとことんまで煮つめて考えられていないもので、それはあまりにも問題が複雑なのだからと前置きして、しかし「断言するけど、あたしは黒人なの。なぜ自分は黒人だといわずに、白人として通してしまわないのか、とたずねる白人もいる。黒人であるとは、精神的な範疇であり、心理的な範疇であり、同時に社会的事実だということが、そういう人には全く理解できていないわけよ」といった。

わたしたちは「皮膚が黒いばかりに差別されて」などと不用意に決まり文句を使うのだが、アフリカ系アメリカ人と、またブラックスと自らを呼称する人々を結んでいるのは皮膚の色だけではなく、それを超えたものですらある歴史体験の共有と、体験の意味をさぐろうとするこころの作用なのだ。経済的身分や社会的身分が白人と同等になれば、あるいは褐色の皮膚を白く漂白してしまえば、アフリカ系アメリカ人やブラックスと自称する人びとが消えてしまうわけではないということ。作家のトニ・モリスンは「黒人の文化遺産を、精神の遺産を守れ。われわれはアメリカにおける異族であるなら、異族であり続けよう。それを諦めてしまうことは、われわれの存在の根を根こそぎにすることだ。そのようなことがあってよいのか」と問うている。そして女たちはそれぞれ、それぞれにふさわしいやりかたで、その存在の根について考えているのだ。生活の真只中にあることがらを通して。女であるとは、黒人の女であるとは、どういうことなのかという問を通して。

わたしはそれを知りたいと思った。彼女らが自らの体験を語るのに耳をすますことができれば、いくらかでもわかるかもしれない、そしておそらく、彼女らが個の歴史を掘り起こす声の中から、「知る」だけではなく、学ぶことができるだろうという確信のようなものさえあった。彼女らは、また、個的な体験を、めんめんと過去に遡る生の軌跡や、魂から魂へ残された血のような英知の遺産に結びつけて、それとの関係において捉えることもできる人びとだろうという確信もあった。それはその通りだった。そのような彼女らの語り声は、わたしたちの背の向こうで、いつか声を与えようと待っている日本の女たちの生を掘り起こし、彼女らの名を回復しようとするわたししたち自身に力を貸してくれるかもしれない。

おおやけの場でも、彼女らはその仕事を始めている。それは痛みと、また一つの力を意識するところから出発した。アフリカ系アメリカ人の、とひと纏めにされていた歴史から、黒い女たちの歴史を引き出してみること。彼女らは彼女らについてつくり上げられてきたステロタイプに、そのイメージに長いこと傷ついてきた。そして一方には、自らの過去や経験を名付けることがなされていないのではないか、いや、なされていたとしても、それをそのような歴史の追求として明らかにしていないのではないかという焦燥があった。黒人女性作家のアンソロジーが六〇年以降いくつか編まれたが、『おおはんごん草』と『真夜中の鳥たち』を編集したメアリ・ヘレン・ワシントンの、「(このアンソロジーは)黒人の女たちの伝説をたたえ、夢を神話に織ることで、わたしたち自身の過去を回復し、またそれを名付けることを可能にした」という序文の言葉にもそういうことが背景としてあった。黒人の女であるということはどのようなことなのか、それを名付け、それについて語る言語を探しているのだ。

わたしは会って話を聞かせてもらう相手については、彼女たちの職業やタイプなどからその範囲を定めておくことはいっさいしなかった。もちろん、アンケートのように質問事項を全部用意しておいて順番に質問するというようなこともしなかった。わたしには会う女性の種類をあらかじめ決め、問を用意しておくことなど、まるで無意味に思われた。訪ね歩いて会う女たちが、そのあとに会うべき女たちへの道を指し示してくれるだろう、それが正しい方法だと感じられたし、質問の内容についても、わたしがちゃんと耳をすますことさえできれば、話をしてくれる女たち自身が、そのあとにたずねるべき問へ連れていってくれるだろうと考えた。たずねたいことは色々あった。けれども、それらをはじめから押しつけ、言葉を引き出そうとするのは、わたしの関心という箱の中に彼女らの声を押し込めることだから避けたかった。これまでに行ったこともないような場所へ行くことが望ましかったし、彼女らが異質の広がりの中へわたしを放り出してくれることを待っていた。そこでほんとうにわたしは耳をすますことができるかどうか。それこそがテストであったはずだ。異質の広がりの中で、異質な世界に対する真の敬意と理解への努力を身につけることができるかどうか。そのことがテストであったはずだ。会話の録音テープを聴いてみると、そういう点で無惨に失敗しているものもあることがわかる。わたしが予想している方向へ相手を無理矢理押し戻そうとするような質問には、うんざりしてしまう。時には、一回きりの、決して再生できないジャムセッションのように、何もかもが有機的な関係の中で自然に運んでいったこともある。

耳をすますことは難しいことだ。

けれども、それはわたしたちを微妙に変えてしまう。ニューヨーク州のイサカに住んでいて、ミルウォーキーまで行って十人ほどの女性に会った一九七九年の七月。帰りの飛行機の中で、わたしはわたしが二週間前のわたしとは少し違っていることを感じていた。話を聞かしてくれた女たちとの時間は、はっきりと一つの力を持ってわたしに作用していた。それが何だったかを正確に説明することは難しい。わたし自身にもあまりはっきりわからない。ただそこには以前とわずかばかり違う自分がいて、それは間違いなくあれらの女たちとの語り合いによって引き起こされたもので、この先は視界をこれまでよりも少し広くとって暮らしていけるのではないかという予感と、女たちの言葉や表情への感動と、その感動が吹き込んでくれるエネルギーが混じり合って、背筋をのばしていたくなるような気分があった、というようなことだ。

訪ねて話を聞かせてもらった女たちの数は四十人をこえた。わたしの手元に六十本の録音テープと覚え書のノートが残った。「あなたにこうやって話をして、ほんとにおもしろかった。これまでに言葉にしてみなかったことや、考えてみなかったことのいくつかを、きょう話しているうちに言葉にすることができたのはよかった。テープの写しをちょうだいね」といった女たちも多かった。

それまでは会ったこともない見ず知らずの女たち、しかもほとんどは他人から話を聞き出されることを商売や仕事にしてはいない。わたしのような者を信頼して、こころを開き、体験を話してくれる寛容さには、いつも驚かずにはいられなかったし、そのような彼女らのとてつもない親切にむくいることが宿題として残されている。彼女らを利用したり傷つけたりせず、こちらの都合で彼女らの全体像を歪曲せずに描くことはできるのだろうか。わたしには荷が勝ちすぎると思わないわけではない。彼女らを理想化したり、ロマンチックな目で眺めることではなく、つねに正と負のエネルギーや衝動が引き合っている共同体の中で毎日を生きている女たちの像を、その動態のうちにとらえることはできるか。話を聞かせてもらって、そのことを聞き書として伝えようとする者の責任は何か。開かれたこころを裏切らないとは？　しかも、トニ・ケイド・バンバーラが語ったように、「黒人社会にあることを言葉でいおうとしたって、半分も表現できないと思う。実際に生起することなのに、それを描写できる言語がないわけ。社会科学の対象になるべきことがらなのに用語がない。そういう現象はぼんやりした目には映らないし、偏見のある目にも見えてこない。詩人だって、うまく表現できないようなことがらなの。新しい言語が必要なのよ」——という状況もあるのだから。けれども同時に、彼女らは、ひとりひとりが語り手でありうる伝統に支えられてもいる。バンバーラがそのことも指摘していた。

語ること、自分は創造する者だという態度でなく、わたしは代弁者なのだ、自分を超えた場所で代弁するのだという伝統がある。一般に浸透したものとして。ビリー・ホリデーもそうだったもの。彼女は彼女のストーリーの主人公を生み出し、その女について語ったものだった。自分から離したところで。男のブルーズシンガーもやはりその伝統で歌ってきたのだから。

息づかいが伝わるような報告が書けたら、と思う。もとより無理かもしれない。投げられた球をかかえて右往左往するだけかもしれない。

わたしはいま、この序章をそろそろ結ばなければというときに、ジョージア州アトランタ在住の百四歳の女性アニー・アレグザンダーに会った暑い夜のことを思い出している。暗い居間で、真夜中まで起きていて話をしてくれたアニーは彼女の父と母が奴隷であったことを語った。彼女は両親が自由の身になって生まれた四人きょうだいの長女だった。一八七六年に生まれた。奴隷解放宣言があってから、十一年後だ。

わたしは四人きょうだいの一番上で、わたしの母も父もごく平凡なひとたちでした。

奴隷制が廃止されてから間もなくのことで、なにもかも貧しさそのものでした。全くうまくいってなかったのですよ。奴隷の身分から自由になったばかりで、人びとはまだ家や色々な物を手に入れるようなところまではいってなくて。暮らしは大変でした。父はあまり頑強でなくて、死んでしまいました。わたしが五歳ぐらいのときに。祖母が母から子どもを二人引き取って育ててくれました。そして仕事といえば……黒人にはあまり仕事をくれなくて、でも働いて暮らしをなんとか立てたのでした。学校などもなくて、あるのはただ空白、空白、空白ばかりで。死に物狂いで、一所懸命生きるよりなかった。それでもようやくどうにか教会を建てたり、色々なグループがつくられたりしてね。そうやって、なんとかへたばらずにいて。それから北のボストンやニューハンプシャーから、家もなく無一物で放り出された奴隷を気の毒に思った人びとがやってきて助けてくれたのです。彼ら(奴隷所有者)は何も与えなかった。ただ放り出しただけで。彼ら自身がすでにあらゆるものを使い果たしていたから、与えるものなど何ひとつ残っていなかった。戦争が南部をすっかり食い潰してしまったから。北からやってきた人びとに、色々貰ったのです。

わたしの母は十二歳になるまで奴隷でした。自由になったとき、十二歳だったのです。わたしの祖母と祖父は本物の奴隷だったのですよ。だからね、ほんとに至難な出発だったのです。

父が自由になったのは三十歳の頃でしょう。そのくらいだと思います。そして両親は若い時に結婚したのだと思います。

アニーは明晰に、きわめて正確な英語で話す。もう耳も遠くなってしまったし、目もほとんど見えない、昔は上手にものを考えることができたし、記憶もはっきりしていたのに、いまでは、なんだか突然記憶も思考もどこかへ姿を消してしまい、あなたに話しても役に立つかどうか心配なのだ、といった。その彼女はほとんど休まず、こちらが心配になって何度もやめようとしたのにもかかわらず、夜の八時から十二時半頃まで話をしてくれた。途中で一度質問のあいだにうとうとしただけだった。ボランティアの看護婦の女性が同席していて、そのアニーを大声で起こした。小柄な細いアニーは軽くびくりとして目を覚まし、また話し続けた。もう、お疲れだからやめましょう、というと、いいえ、やめてはいけないと。そのようなアニーをつくったのはアニーの祖母のようだった。奴隷(アニーは「本物の奴隷でしたよ」といったのだが)の身から自由になり、苦難の中で孫二人を育て、アトランタに現在のスペルマン・カレッジ、当時の「女子聖書学校」が創立されると、第一回生として入学した女性である。

奴隷の身分から解放されたとき、祖母は六十歳か七十歳でした。だからずいぶんつらい目にあってきた女だったのでしょうが、北からきた人たちがしようとしていたことの意味を理解すると、そのことを喜び、学校へ行くようになったのです。聖書を読めるようになりましたよ。……祖母はわたしもその人たちのところで教育を受けなくてはいけないと、熱心にすすめたのです。

アニーは「スペルマン」の学生寮の食堂で働きながら勉強した。「お皿を洗ったり、鍋の汚れをこすり落としたり、そんな雑用をしながらね」。彼女は住みこみの子守りや、洗濯女や料理人などをしながら生きてきた。九十九歳になるまで働いた。いまは労働はしないが、自分の家に独りで住み、身のまわりのことは全部する。庭に薔薇を植え、その世話をする。見事な花が咲く。もう何も思い出せない、といいながら、むかし諳んじた詩がある、といった。三年生の読本にあったバラードだと。

わたしを谷へいかしめよ
その美しき花を見るために
そこでわたしはまなぶだろう
つつましく　育ち　大きくなることを

辞して、車をスタートさせるまで、アニーは見えぬ目でわたしを見送ってくれた。扉の上半分のガラスに、アニーの顔が浮き上がるようにあって、その像《イメジ》は夢の中のそれのよう。

接続点

ユーニスにはじめて会ったのは一九七三年だった。ウィスコンシン州のラシーヌという人口十万の町にある「ジョンソン財団」の国際会議センターの企画担当者として新しく入ってきたばかりだ、ということだった。彼女はその財団が雇用した最初の黒人だった。それまでの彼女はソシャルワーカーだった。その頃さかんに流行っていた大きなアフロにしていたユーニスのうつくしさに、わたしは息をのんだのを憶えている。当時彼女は三十一歳だった。その後の七年間に彼女は二度勤め先から退職した。「ジョンソン財団」のあとに勤めた「モット財団」は財団としての格はずっと高いといわれ、ユーニスの言葉を借りれば「当時は黒人の女として、これ以上は昇れない」というところにいたが、彼女は辞めた。ある夏の暑い昼下り、黒人のゲットーの家々のポーチの階段でビールを呑んでいる男たちの姿を見たとき、辞めるときめた。それ以前に離婚もした。二人の子どもたちだけとの生活が始まっていた。一九八一年現在、ユーニスは三十九歳。わたしは彼女の強さや勇気のあるところも好きだが、しなやかなところはもっと好きだ。「成長するってのはたいへんなことね」と彼女はいうが、ひとつところに留まっていられない彼女は痛みを伴うことがらも、のびやかにこころを広げる契機にしてしまう。

1　ミシシッピーの村で生まれた

——生まれた頃のことから話すのはどう？

ユーニス　生まれたのはミシシッピー州のマウント・オリーブ。あたしたちは病院で生まれてね、病院でのお産は当時はとても珍しかったのよ。マウント・オリーブは小さな小さな村みたいな所よ。そこで八年生になるまで学校へ行った。父が大学へ行くんで、しばらくジャクソン市にいたこともあったけど。

——おとうさんは高校のあと、すぐ大学へ入ったの？

母と結婚して、それから軍隊に入って。除隊になってから二年制の大学へ行って、それから普通の大学へ行って。そのあと大学院へ。ずっといなかの方に住んで農業をやっていたわけだけど、父の大学通いは、あたしたちが大きくなる過程の一部でもあったわけ。父は学校に行き続けたから。

――あなたは五人きょうだいの次女よね、おとうさんは復員兵手当も貰って学費にあて、家族を養ったの？

百姓をしたの。あたしたちは一時期に一種類の作物を栽培するやりかたをしてた。キュウリばかり作る。キュウリの季節が終わったら、スイカを作る。市場へ運んでいって売ったり、漬物会社に売ったり。四月と五月がキュウリだった。スイカのあとはジャガイモ。それから、トウモロコシ、そして棉。十二月、一月、二月を除いて、いつも何か売る物があった。

――貧しかったわけではないのね。

貧しかったかもしれないけど、あたしたちはそう思っていなかった。父は冬は学校の教師もしたし、スクールバスの運転手もやった。母は学校の食堂で料理をして働いていたの。収入はいつもあった。きっとよそより楽だったんだと思う。村は黒人ばかりで、八歳になるまで、白人を見たことはなかった。ハイウェイを車で往く白人を見かけた、というぐらいで。まわりは全部黒人だった。土地を所有していたのも黒人だし、店などの経営者も黒人だった。学校も黒人だけだった。大きなトラックが黒人を拾いにやってきたっけ。棉摘み労働者として使うために。その連中は現金を手にして帰ってきたものだった。あたしたちはといえば、他人に使われるってことがどんなことか知らなかった。いつも自分たちのために働いていたのだから。

――その村はどのような経緯でそのような性格の村になったのかしら。

奴隷解放のときに、黒人は土地を貰ったから、やはりその頃からのものではないかと思うけど、はっきりは知らないのよ。それにね、このことはあまり知られていないことだけれど、奴隷解放宣言以前にも自由民の黒人はいた。あたしの母かたの祖父の姉は自由民と結婚して、彼女も自由民になった。自由民は土地を持つことができた。

あたしたちが住んでいたあたりの土地はほとんどがその家族のものだった。小作人たちを使っていてね。そういうふうに、南部では自由民の黒人は白人のそれと同じ方式でやっていたのよ。以前は奴隷だって持っていたかもしれないと思う。その女性が死んで、あたしの母もその土地の一部を遺産として相続した。その辺りに油田が発見されて、母の土地を通る石油パイプの権益から毎年所得がある。十エーカーぐらいの土地じゃないかしら。

——黒人の自由民がいた、ということには余り注意が払われてないようだけど、彼らは重要な役目を担っていたようね。

自由民であることを証明する身分証明書を身につけていてね、移動も自由だったし、職を持つこともできた。たとえば奴隷の逃亡で活躍したサジョーナー・トルースは自由の身になり、土地も貰ったでしょう？　彼らは白人に雇われることはあっても奴隷ではなかった。黒人はそのことについて余り話さないのね。

——女主人のための労働を全部終えてから、深夜、洗濯やアイロンかけのアルバイトのようなことをして、自分自身を買い取り、息子や娘も買い取った女の奴隷のことを読んだことがあるけれど。奴隷解放がやってくるまで待っていなかった奴隷も多かったのね。

そう。それに奴隷解放は、この国が黒人に与えたことみたいに話されることが多すぎる。事実は、それ以外に道はなかった、ということなのに。さもなければ、国全体が滅びてしまっただろうから。政治的な手段としてはそれしかなかった、虐げられた人びとを救うという目的でやったわけじゃない。

――「解放」後の年月も至難の道だった。

このアメリカという国はね、民族の意志とか、民族の独自性というような概念は棄ててしまったのね。この国は人種の「るつぼ」とか呼ばれて、あたしたちは一人残らずこの鐘状の鍋みたいな物にすんなり入れるはずだってことになっている。鍋の外にいるのは監獄にいる人たちだけさ、とかね。集団的個性や集団の独自性という視点を棄ててしまった。だからいまはなんとかそういう視点を取り戻さなければ。黒人たちは彼らについて書かれた研究書なんか読むのはやめてしまうのがいい。書物がこうだ、ああだというのに合わせようとするのは早くやめるのがいい。鐘形の鍋の中へ入ろうとしたって、ほんとは誰もどんな曲線を持った鍋なのかわからないのだから。あたしたちはあたしたちの集団的な独自性を信じるところから始めるべきなの。鍋の中を歩け、と教えることによって、体制は子どもたちを損ない、傷つけてしまった。

——どこかにモデルはある、という前提ででしょう?

あれか、これかしかないみたいに。西欧的になれと。有色人種の人びとが力を合わせることが大切だと思うのよ。日本の女性が黒人の女たちについて知るのは、役にたつかもしれないわね。彼女たちにも同様の心理的圧力があるのかもしれないもの。アメリカ先住民たちはその問題と取り組んできた。対峙するためには西欧文化の性格を理解しなければならない、と同時に、黒人社会がどのようにあたしたちを形成してきたか、そのことも把握しなければならない。本当の自分を理解しなければならない。そしてあたし自身は個人として黒人文化や共同体とどのような関係を結ぼうとしているのか。自分自身を知るにしても、理解の水準もさまざまよね。混乱することもあるし、堂々めぐりすることもある。六〇年代にはあからさまな抑圧がある場所でではなく、むしろ微妙な抑圧のある場所、つまり北のゲットーで暴動が起こった。南部の黒人たちよりよい暮らしをしていたと思われていた人びとの暴動。彼らは北も南も同じだと気がついたわけ。しかも南部の黒人の方が職を得るにしても、資格がある場合が多かったし、彼らは心理的にも、より頑強で、つらいことにも耐える力が強かった。それは彼らには、いってみればより多くの「ルーツ」があったからなのね。そこで北部の黒人が南部の大学へ進むことがさかんになってね。学校へ、というより、彼らは南部へ行って「私と黒人共同体」という関係を回復してみたかったの。現在では北と南の人びとが交わり、それが豊かな土壌を生み出しつつあると思う。この北アメリカという国にいるわれわれとは一体何者なのか、それを知ろうとする努力の一端なのね。自分が何者であるかを知るためにアフリカへ旅する人も多い。

――それはいつ頃からの傾向だと思う？　たとえばポール・ロブスンもアフリカへ旅をして、そのことが重大な意味を持ったでしょう。

意識的な傾向として？　あたしはアフリカに対しては、黒人はいつも非常な親しみを感じていたと思う。直接的なね。あたしはまだ一度しかアフリカへ行っていない。西アフリカ。……ゴレ島という所へ行ってね。そこは船がくるのを待つ場所で。あたしは腰を下ろしていた……あたしの一行はあたしを除いて全員白人だった。彼らにはあたしに何が起こっているのか全然理解できなかった。あたしにとっては、そこで一切の意味が明確になった。カサマンズ川の上流にいてね。ずっと車で走っていた。あたしはふと、大きな薪の束を運んでいる女の姿を見たの。針金のように細いからだの女。食べる物も食べていないような感じでね。あたしたちはちょうどガソリンスタンドにジープを停めていたので、訊いてみたの。こういう女たちは薪束をかついで一日に八キロから九キロは歩く、という話だった。

やがてフェリーに乗る場所まで行ったのだけど、そこではそういう女たちが休息をとっていてね。あたしはその中の一人に、半ば冗談で、あたしも薪束を頭にのせてみたい、といったの。やってごらんなさい、というから、地面に置いてある束を持ち上げようとしたのだけれど、びくともしない。頭にのせるどころではないわけ。そこでそこにいた白人の男性に持ち上げるだけやってもらって頭にのせてみよう、と思った。体重九十キロ、身長百九十センチの巨漢よ。彼はやってみたけど、やはり持ち上げることができなかった。あたしはそこら中の人たちに、「この薪束を持ち上げてください」と頼んでまわった。誰にもできなかった。あたしは、きっとこの女は特別に重い束を担いでいるのだ、きっと彼女は例外なのだと考えてしまうことにしたの、八キロの道をこれを頭にのせて歩くなんて、きっと例外なのだと考えてしまうことにしたの。

でもゴレ島に戻ったとき、あたしは突然すべてを理解した。そう、そうだったのだ、だからこそ、あたしたちは生きのびたのだ、と。彼らは特別にすぐれているのだ。あの無惨な大西洋の連行の航海を生きのび、二百年の奴隷の時代を生きのび、それからまたその後の百年を生きのびたのだから。それなら、あたしもきっとすぐれているのだ。個人としても、と思った。そのことがあってから、あたしはあたしの中にあるものと、海の旅と奴隷の時代と解放後の歴史から残されたもののすべてとを結びつけて考えようと決心したの。(泣き出してしまう)あの瞬間がどれほど深い意味を持つものだったか、あたしは忘れていたのね。だって、ずっと長いこと、あの瞬間を探し求めていたのだもの。こうして話していると、あたし……。あの瞬間こそ誰もが探し求めているものなのよ。ポーランド人が寄り集まって踊るのも、そうなのよ。誰にも、そういうことがあるはずなの。

あたしは砂地ばかりで、他には何もない土地を旅していた……。牛の死体が転がっている。ラガドンという村へ向かっていた。あたりには死体ばかり。あたしは腹が立ってね、あの牛にもできなかったことじゃないか、あたしにできるわけがあるだろうかって。不毛の地。砂漠を横断しはじめたあたしは、ああもうこれでわが子に会うこともないのだと思ってね。頭が変になっちゃったから、もうそれ以上は考えないでおくことにしてね。そのうちにラガドンに着いた。そこには何もなかった。何も。水は？　池みたいなものが見えるけれど、それだってあっという間に干上がってしまいそう。人びとはどのようにして命をつないでいるのか？　何もない。山羊がわずかばかりいた。砂漠へ連れ出すの。そこで何を食べさせるのか、見当もつかない。行けども、行けども何もない。「では葉っぱでも煮て食べましょう」といおうにも、葉っぱもない。砂、砂、砂ばかりで。

一人の女性に、「学校を見せてください」とあたしはいった。彼女はあたしを一本の木の生えている所へ連れて行った。蔭を作っている一本の木よ。それが学校だった、暴風や雨を除けるのは？　雨が降ることはけっしてないから建物はいらないの。人びとは生き生きとして、健康で、希望を持って暮らしていた。あたしはあたしたちがどれほど資源に対してだらしなくなっているかについて考えてしまった。

そこでは五歳になるまでに、乳幼児の四十四パーセントが死亡するということだった。ところで、この死亡率はワシントンの黒人のそれと同じなの。一九七四年のそれと。

――えっ？

そう。

――ほんとに？

そう。一九七四年……ワシントンでは、五歳になるまでに男の乳幼児の四十四パーセントが死んだの。デトロイトのゲットーのね、性病の罹患率と、アフリカの村々のそれとは同じなのよ。アメリカにはあり余るほどの医療源があるのに。ゲットーにはそれも届かない。

それにしても、その村の人びとを見ても、やはり、この人びとには生きのびる力があるのだと感じた。でも、国の指導者たちに会いに行ったらね、彼らは三十代の人びとで、西欧流のものをさかんに取り入れていた。

——黒人の文化に、集団の精髄に、薪の束を頭にのせて歩くアフリカの女に自分を結びつけることが、どれほど深い意味を持つかについて語り、それを長いこと探し求めていたのだといって泣いてしまうあなただけれど、一方ではあなたはうらみつらみを抱いているようには見えない。いつもこころが安定しているし、鷹揚だし。アフリカへ行く前のあなただって、ずっとそうだった。でもそういうあなたと、アフリカであの瞬間に出会ったことを語って泣いてしまうあなたとは、やはり同一人物だと思う。

きっとね、アフリカへ行くまでのあたしは、その力を無意識に使っていたのね。何か怖ろしいことを見てしまったりした時には。それはきっとアドレナリンみたいなものね。一定の状況の下で、作用しはじめる力というものがあるのだから。神があたしたちをそういう者として創ったのだと、あたしは思う。あたしはだから大学へも行けた。息子のコリーを見ていると、子どもの頃のあたしを思い出すの。あのアフリカの女の中に、あたしはあたしたちの民族の力を、接続点《コネクション》を見たのね。それまでは、それを運だとか偶然だとか考えていたわけだけれど、その女の中に力を認めると、自分の中にあるのもそのような力だと、初めてそれを信用することができるようになったのね。民族の中に生きのびた力。それは死滅したりはしなかった。劣等であると、教えられてきた民族の力。教育や法律や差別は、この人種は劣等であると、間接的に教え込んできた。あの瞬間は人びとがあたしに信じ込ませようとしてきたことすべてを吹き飛ばしてしまった！

あたしの受けた教育はいつもあたしたちを滅ぼそうとする類のものだった。目立たない方法だけど、確実な方法で。あたしたちは何をやったにしても、やはりどこかまずいと思わせるようになっていた。だからこそ、接続点を発見することが大切なの。それは簡単なことじゃない。誰もがあなたを洗脳することばかり考えているのだから。

2　ク・クラックス団に追われて

——時間的に少し逆戻りして、あなたの一家がミシシッピーを去らなければならなかった経緯を話してくれる？

人種の無差別待遇が実施されるはずになったあと、五〇年代のことだったけれど、政府の方針の内実は黒人は分離したまま平等に扱うということにすぎなかった。その頃あたしの父は黒人が選挙投票を行なうことを促す運動に加わっていた。投票権を得るためには投票税を払うことになっていたけど、その払い込み期限がきても、誰も知らない。そこで父はその時期をつきとめ、土地を持っている黒人のすべてに手紙を出した。新しくできた学校には謄写版印刷機があったので、父はタイプで手紙を書いてね。三ドルぐらいの投票税を払いなさい、とすすめた。子どもに手紙を持たせてやったのだけど、それを受け取った親の一人は文盲だった。彼はその手紙を白人に見せた。白人たちが騒ぎだし、父は危険人物だとされ、投票税を払おうとしていた三人の人物もすっかり怯えてしまった。父は市議会へ召喚されて、税金で購入した謄写版印刷機を使って市民権運動をやろうとはどういうことか説明しろ、といわれた。市議会は全員白人で、その多くはク・クラックス団（KKK）の団員だったのよ。

その後KKKが父をつけ狙い、家族全体の生命が危険になった。あたしたち一家は住んでいた家に家具も何もかもそのまま残して去った。車に乗りこんで、そのまま発った。ミルウォーキーへ向かってね。クエーカー教徒の組織である「フレンド会」の人たちがミルウォーキーに打電しておいてくれて。「フレンド会」はいわば現代の「地下鉄道」（南北戦争の前に奴隷の北部やカナダへの逃走を助けた組織）よ。あたしたちの親戚に電報を打ってくれたり、ミルウォーキーで住むことになった家に家具を持ってきてくれたのも彼らだった。あたしたちは無一物になっていたから。ただひたすら車を走らせて逃げて。

家族は七人。両親と子どもが五人。父は学校の校長をしていたけれど、ミルウォーキーでは土方をやらなければならなかった。修士号まであるのに、美術の単位を取ってなかったとかで、ウィスコンシン大学へ行って、ひどい張子人形《パピエマシェ》なんか作っていたのを憶えているの。なんとも見苦しいこの人形を作ったら、教員免状をくれてね。

父はとても苦しんだ。まるで人が変わったようになってしまって。学校の教師になったけど、差別もひどかった。父は疲れてしまったみたいで。それから二十年、もう何もしなかった。ただ平教員をやっていただけ。運動にも加わらず、校長になろうともしなければ、教育行政の方へ移ろうともしなかった。そしてただ引退して。努力する意志なんか失ってしまったようで。ずっとたたかってきたのに、力がつきたみたいになってしまった。ひどくお酒を呑むようになってね。やっと去年、お酒をやめた。

あたしは父がほんとはどういう人だったか、全然知らなかったと思う。ただこころの中で拒絶してしまって、たいして寄りつきもせず、きちんと話し合うこともしなかった。女のあとを追いかけていたりしたこともあった、感じでわかるのよ、ふと匂いがしたりして。あたしは自分を父から切り離してしまったのね。ミシシッピーでは父は頑張って、いろいろな貢献をして、多くの人びとの人生を変えたのに。追われるように出てきて、ああ、もうつまらん、こんなことしたって、何の役にも立たない、と諦めてしまった。彼はすべてを失って。ミシシッピーで生まれ、そこで育ったんだもの。黒人の子どもたちを教育する、というのがいつも彼の夢だったのに。壊れてしまった、父は。

父はあたしたちに教育費を全然くれなかった。あたしたちが学校へ行くのには反対なんだな、とあたしは思っていた。あたしが新学期からの学費を作るために夏中働いてためたお金を借りたりするの。だから九月になると、あたしは夏中一所懸命働いたにもかかわらず、よそから借金しなければならなかった。でも父の頼みを断ることはできなかった。そんなことできると思う？　いま思い起こしてみると、父はそのようにして、あたしたちに「ただひどい目にあうだけだぞ。なんでそんなに頑張らなくちゃならないんだ？」といおうとしていたような気がするの。あたしたちが決定的に傷つけられるところを見るに忍びない、と考えていたのではないかと思うの。

こんなふうに考えて、言葉に表してみたのは初めてだわ。あたしはずっととても孤独な気持がしていた。だれも応援してくれないと。学校へ通うバス賃がないことだってあった。でも伯母はやさしかった。白人の家の掃除婦になって働いていたけど、あたしを仕事に連れてってくれたり、おさがりを貰ったら分けてくれたり。伯父が八ドルの冬のコートを買ってくれて、生まれて初めての寒い思いをしない冬になった。そんな高いコート着たのは初めてだった。六一年頃のこと。

父はそんなふうになったけど、あたしはやはりずっと父のようになりたいと感じていた。南部にいたときの彼はいつも活動していた、いつも何かに衝き動かされていた。聡明で、よく働いていた。大学へ通っていた頃は二十七キロの道程を往復して、帰ってきては、黒人が大学へ行くことなんか不可能だと父にいった人びとの子どもたちを教えた。南部の人びとは父を尊敬していたのに。人びとの人生を変えることのできた人だったのに。

3　親の家を出るために結婚した

——働きながら大学を卒業して、ソシャルワーカーになったのね。いつだったか、あなたは「結婚したのは家を出るためだった」といった。

それ、憶えている。大学を出て、独立してアパートに住みたいといったのに、両親は猛反対だった。ただちにあたしは自分でもそれと意識せずに、家を出る方法を探しはじめたのね。スミス大学で修士課程に入れてくれたけど、お金がなくて断念しなければならなかった。両親はそんなに欲張るもんじゃない、というし。あたしは自分はほんとに変わり者なのかもしれない、大学ももう卒業したのにまだ独身だなんて。両親はあたしを恥じているみたいだった。アパートに独身の女がひとり暮らしをするのは売春婦の場合だけだといって。職業のある女だって、だめだと。一九六三年の話よ。外泊も許されなかった。伯母と話している時だって確かめたりしてね。母は十六で結婚したのだから、若い女の暮らしのことなんか全然わからない。父はソシャルワーカーとしてのあたしに文句ばかりいって。もっと金の取れる仕事をしろとか、もっと多くの経験を積める職場を見つけろ、とか。彼は自分のやっていることに不満だったから、あたしにそういうことばかりいったのね。

結婚しようか、といわれて、あたしは結婚した。結局、あたしはひとりで生活することはないまま、両親の家から夫の家へ移ったの。十三の時から働きはじめたけど、いつも親の元を離れたことはなかった。いつも誰かが家賃を払ってくれる生活だった。

ひとりでもやっていけるのだとわかったのは三十二歳になってからなのよ！　結婚したのは、家を出るにしても、親があたしを誇りに思える方法で出ようと考えたから。間違った決心のつけかただったかもしれない。夫がミルウォーキーでなく、ラシーヌに住んでる人だということも魅力だった。親の愛は子どもを圧し潰すのね。子どもは空気が足りない、息がつまるとあがくの。親の愛には憎しみが混じってもいるような気がする。憎しみのある愛。

親が子どもを愛さなかったら誰が愛する？　この憎しみに満ちた世の中で、子を守れるのは親だけだと、そう感じてるのね。あたしは親のいうこと無視して、眉毛を抜いたり、髪を染めたり、脚の無駄毛を剃ったりしてね。顔の毛を剃る？　母はびっくり仰天！　スカート丈も短くして。姉はたったひとりのボーイフレンドとつき合っていた。もし彼女が妊娠しても相手は誰だかすぐわかるから、これは重要なことだった。姉は恐怖を教え込まれていたの。つまり妊娠した場合と監獄行きになった場合は、知らないぞ、おまえは独りぼっちになるのだぞ、と。死ぬほど怖がらすのよ。妊娠か、監獄！

――でも実際に娘が妊娠してしまったりすると、こんどは親たちはせいいっぱい助けるのよね。

そう。でも前もって脅かすことについてもせいいっぱいやるのよ。

結婚して四年たって、子どもが生まれた。女の子。それから三年して、男の子が。夫は子どもはほしくない、といったけど。そして三度目の妊娠。これは夫もあたしも計画してなかったもの。夫はひどく動揺して中絶しろといった。あたしはその子を産まない理由はない、と思った。産もうと思った。夫の態度がいやだった。でも結局、中絶専門の診療所へ行って。その時あたしの話し相手はあなたの姑《かあ》さん(ジョンソン財団の企画員をしていた)だけだった。彼女がずっと傍にいてくれて。

中絶を決意したのは、そうしなければ離婚だ、と夫がいったから。あたしは何が何でも結婚を壊したくないと思ったのね。中絶手術は不完全なもので、あたしは死にかけたの。子宮外妊娠だったのに、医者はそれに気がつかなくてね、手術のあとで、破裂して、ひどい目にあって。妊娠四カ月目だった。あとで医者は、とても助かるとは思えなかったといっていた。

死にそうになって、これこそ男のためにならら何でもする女というものの究極的な姿だとわかった。男の気に入るためには、中絶までするのよ! 子宮外妊娠で、結局あたしが子どもを殺したわけではなかったということだけが、せめてもの慰め。

その後しばらくして、夫は離婚したいといい出してね。あたしは自分が三十歳になったら死ぬような気がしていたのだけれど、子宮外妊娠で死にかけた。でも死ななかった。あたしがここで死ななかったのは、あたしの人生にはなにか大きな目的が与えられているのだと考えてね。その後の人生はもうあたしのものじゃないような。宗教的な面でも以前より真剣になったし、仕事にもずっと真面目に取り組むようになった。そしてその頃夫が離婚のことをいい出した。あたしは、あたし自身を家庭生活に捧げることこそ人生の目的なのかもしれないと考えて、仕事を辞めようとしたら、夫はさらに離婚の決意を固くしてね。たしかにこの男性との関係にあたしは多くを注ぎ込んできた、でもある日、仕事に向かう途中思ったのよ。

「もしこの結婚はもう続けることのできないものなら、もし何か別の使命のために諦めなければならないということなら、そうしよう」

こころの準備はできた。財産をどうするかなんて、どうでもよかった。弁護士は「しっかり握ってなくちゃ駄目だぞ！」といった。両親は「彼のところへ戻って一緒に暮らしなさい」といった。あたしは「あんたたちが行って一緒に暮らしたらいい」と答えた。夫がどうしても離婚したいと宣告した日、あたしは仕事を辞めようとまで考えていたところだったから、仕事もなく、妻でもなく、母親ですらなくなるとしたら、あたしという人間が何者であるかを示すものは皆無になるのだ、と思って、へたへたと床に坐りこんでしまったの。でもそんなことでいいはずはないと感じて、四歳の息子をつかむようにして車に乗せ、そのまま自分のアパートを見つけに行った。あたしが誰なのかを探しに行くみたいにね。

4 財団も辞めた

成長するってのはたいへんなことなのね。とても苦しい。でも仕方ない。あたしが次にしなければならなかったのは、「ジョンソン財団」を辞めることだった。快い仕事を棄てることが必要だった。その仕事はもう安らかな巣みたいになっていたから。で、「モット財団」へ移って企画をやってね、社会学の本なら、「成功した黒人の話」としてあたしを扱ったと思う。そういう地位にいたから。でもあたしは全然しあわせな気持になれなかった。あたしには他にしなければならないことがあるはずだという感じから逃れることができなかった。

ある暑い夏の日のことだった。サード・ストリートを車で走っていてね。黒人のゲットーよ。接続点がここにある、って思った。でも何をすればいいのか？　修士号まで取って白人の社会で成功したあたしには、一体このサード・ストリートでは何ができるのか？　だから「モット財団」は辞めた。そこからどこへ移って何をするのか、見当もついていなかった。あたしは神にいったのよ、「死ぬはずだったあたしを死なせないでおくことにしたのはあんただから、あんたがきめなさい！」一九七七年のこと。アフリカへ旅したのはその年だった。

ある日、突然弟から電話がかかって、商売の規模が大きくなりすぎて手に負えなくなった、助けてくれという。乗っ取られそうでもあると。それからの三カ月、あたしは夜も昼も働いてね、日に十六時間ぐらい。弟の商売も管理がいきとどいて売上げも増えた。あたしは、そうだ、黒人の小企業の経営者たちを助ける方法を考えようと決心して、自分の小さな会社をつくってね、この二年間そういうことをやってきた。将来どうなるのかはわからない。でも現在やってることは大切なことだということだけは確かなの。それでいいと思う。

教会のことは重要なの。まず離婚して、そのあたしがあたしの家族が属している教会へ足を踏み入れるということはやさしいことじゃなかった。あの教会では「離婚するのは福祉手当を貰っているような女のやることだ」っていうような態度が普通だから。でもあたしは背筋を伸ばして入って行った。あなたの姑《かあ》さんがそこでも助けてくれた。あの人は岩みたい。「ユーニス、生き続けるよりほかにないのだから」といってね。

あの教会もあたしの家族も、あたしのある部分を拒絶していたと思う。教育がありすぎると精神性は低くなる、と彼らは感じているから。あたしはその点も克服しなければならなかった。逃げることによってではなく、そこに留まることで。あたしは基金集めも真剣にやるし、週に一度「プロスペリティ」という名のクラスを教えている。これは「接続点」を発見できずにいる人たちの手助けをする目的でやってる。個人の内面と宇宙的な法則との接続点。自己の内部にあるものを信用することから始めようと。

――あなたのクラスに出ている若い女性、二人とも独身のままで子どもを産むと決めた女性と話したけれど、彼女たちにはあなたとの話し合いが非常に重要な意味を持っているということがわかった。

あたしは教会という場を通して、彼らが黒人であるということを肯定的に積極的に理解できるように手を貸したい。考えることができる、ということはあたしたちの資産だと思うの。アフリカで見たあの薪の束。あれは身体の力だけではとうてい動かすことのできない物だった。あたしは見たんだから。確かめたんだから。内なる何か、なの。力。あたしたち一人一人にあるもの。何も黒人に限ったことじゃない、こういうことは。日常的に転がっている力ではないかもしれない。危機に際してのみ現れるものかもしれない。

六〇年代以降、黒人は黒いことをすべての不幸の原因にするような傾向が見えてきた。そんなことじゃつまらない。あたしたちには膨大な力と知性があることを知るべきなの。混血だからとか、両親がいないからとか、女だからとか、黒いからとか、貧しいからとか、そういう外側に付着した条件を取り払って、一気に、内面と宇宙的な法則とを接続すること。皆と討論して、あたしも学んでいる。

——どのような考えで子どもたちを育ててきたか話してくれる？

あたしは子どもたちと一緒に暮らさせて貰っていることをありがたいと思う。夫にだって養育する能力はある。でもあたしにやらせてくれてる。子どもたちはあたしの生活に一つの安定を与えてくれていると思う。

でもあたしは、夫とも他の人びととも子どもたちを分かち合う。結婚生活がまだうまくいっていた頃にも、あたしは二つの原則は守りたいと思った。一つは、この子どもたちのために何かできるのはあたしだけだ、とは決して思わぬこと。もう一つは、だから、子どもたちがあたし以外の大人たちを広く愛し、親密な親しい関係を持てるように育てたい。二人は小さな頃から誰とでも親しくできた。世界が広く彼らの目前に広がっていることを知っていた。子どもたちには、母親の所有欲の強い愛情以外の愛に、早くから触れてもらいたかったのね。

離婚して一年間、あたしは母親の役と父親の役の両方を演じようと必死になった。スーパーウーマンだった。でもある時、あたしすっかり消耗しちゃって。泣き出してしまった。ああ、もういやだ、おとうちゃんの役までできない、母親しかできないよう。子どもたちに対してだけでなく、その一年間のあたしは誰に対してもスーパーウーマンだった。あたしの痛みについて知る人は少なかった。でも最終的には、ええ、とてもつらいです、というようになって。もう弁解もしないし、説明もやめた。

子どもたちに対してもね。あたしは母親にすぎないのよ、母親と父親の両方じゃないからね。父親がいないために我慢しなければならないこともあるけど、それでいいんだからねと。

　この頃思うのは、あたしは子どもたちに肉体を与えたにすぎないということ。子どもたちの魂は彼らのもの。できる範囲で教えられることは教えるけど、支配することはできない。三つの原則だけは守ってほしい、というの。一、大人が話をしている時には黙って聞きなさい。大人が間違ったことをいうことはいくらでもあるだろうが、人のいうことに耳を傾けるだけの礼儀をわきまえていなかったために、いつか重要なことを聞き逃し、命を落とすことだってあるのだからね。これを守らなかったら、お尻をぶつ。体罰よ。二、物を壊すな。三、どのようなことがあっても、人を嘲ってはいけない。人はそれぞれ違う能力を持っているのだから。

　あたしには両親がいたけど、それでも子どもの時からいろいろ責任を持たされていた。だから子どもの能力というものはわかってる。七歳で、あたしは家族の食事を作った。息子は七歳で自分の朝食の用意ができるようになった。あたしはそれについて罪悪感を抱いたりはしないの。彼は冷凍のピツァを焼き、スクランブルエッグを作る。いま八歳半。娘は十二歳半。彼らは学校へ行く。それは彼らの責任の範囲。

　父親から子どもたちを遠ざけようとは全く考えないの。十三歳になったら、とうさんのところで暮らすよ、と娘はいってる。ショックだったけれどしかたない。子どもたちは父親が再婚した相手が大好きなの。最初は、ええっ？　と思ったけど、考え直してみれば、そういう具合に育てたのはあたしだった。

——子どもは超越的な存在からほんのいっときだけ預からせて貰ってるという気がしない？

神から借りてるのね。友人もそう。前の夫も一時的に借りてたの。彼はあたしのものだと思ったことは一度もなかった。でも、同時に、子どもたちはあたしを選んだとも感じるの。でもあたしは肉体を与えただけ、いつかは来た場所へ帰してやらなければならない。

いまでもね、物を一切合財棄ててしまいたい衝動に駆られることがある。朝、目を覚ます、生活がしっくりしない、戸棚を開けて、洋服を出して、全部友人にあげちゃった。デザイナー・ドレスだとか何もかも。自分の生活のきちんとした展望の中に物があるのなら、それはいい。あたしにはまだそれができていない。物が浮き上がってしまう。だから何もほしくない。きちんと人の役に立つような人間になったら、物たちは皆自然にあたしのところへ戻ってくるのよ。子どもの頃は、きょうだい五人の他に、いつもどこからかきた子どもたちが一緒に住んでいた。なぜだか世話することになって。あたしたちは、たとえば「ユーニスの所有」と名のつく物は持ったことはなかった。すべて皆の物だった。朝起きたら、とにかくそこらに余っている衣類を身につけるの。そんな生活が、閉ざされたものを好まないあたしを作ったのかもしれない。

八百六十九のいのちのはじまり

ミシシッピーにはかならず行きたいと思っていたし、ぜひ行きなさいよ、と何人かの友人にいわれてもいた。行くのなら、気候のおだやかな秋にでもと考えたが、あれやこれやでそうもいかず、結局真夏に出かけて行った。七月中旬だった。気温は毎日三十六度を超えて、湿度もおそろしく高い。ガーシュインは『ポギーとベス』のために、「サマー・タイム」を作ったのだったが、

Summer time and the living is easy,
Fish are jumping and the cotton is high

と声を出さずに歌ってみて、高速道路をトヨタで走るわたしは、「棉の畑はどこ？」と隣に坐っていたマギーにたずねた。

「棉はめっきり減ってしまったの。大豆が棉にとってかわって。ほら、あそこも、あそこも、あっちも、全部大豆畑になってしまったの。いま大豆が植わっている畑はだいたいみんな棉畑だった」

空港で前日に車を借りたとき、そこで働いていた女性が「あなたは日本人？」とたずね、そうだと答えたら、しばらく前に英語のできない日本人の男性が車を借りにきたのだけれど、彼女は日本語ができないし、二人で身振り手振りで大奮闘し、ついにどうにか一台の車の貸し出し契約が成立したと話した。ミシシッピー州のジャクソンで、一人の日本人の男性がほんとうは何をしようとしていたのか見当もつかないが、わたしにはこの男と棉畑にとってかわった大豆畑が直線でつながっているような気がしてならなかった。ひとまず、男は日本から大豆の買付けにきていたのだと勝手にきめてしまった。身振りと手振りで、日本全国のスーパーで売るための豆腐の原料を買付けにきた勇気ある男なのだ。そう考える根拠は無論なかった。

マギーとわたしはパイニーウッドへ向かっていた。向かっていることになっていた。というのも、ジャクソンの町を出て十五分も走ると、マギーは「あれえ、なんだかおかしい」といい始めたのだ。「あたしはね、パイニーウッドへはいつもバスで行くのよ。バスはこんな大きな高速道路を通らず、あちこちに停まりながら、裏道みたいなとこから行くものだから、何だかよくわからなくなっちゃった」という。もしかしたら、間もなく標識が立っていて、いったいどのあたりを走っているのかわかるかもしれないからと、そのまま走り続けてみたが、しばらくしても標識も現れず、そこで路肩側の「緊急停車線」に寄って車を止めて、地図を出して眺めてみたら、ずいぶんと方角違いの道を走っていることがわかった。間違えなかったら、もうパイニーウッドへ到着している時分だ。パイニーウッドは、ヴァージアという友人の出身地で、そこで彼女の伯母さんたちに会って、ミシシッピーの地方の暮らしについて話をきくことになっていた。ヴァージアとマギーはいとこ同士で、その日はヴァージアの一歳の娘がひどい湿疹に苦しんでいたので、マギーが代わって案内してくれることになった。マギーは四十代の半ばぐらいで、ずいぶん前に夫を交通事故で失い、小さかった五人の子どもをひとりで育ててきた。病院で看護婦の助手をしながら。「わたしは夫が死んだからといって再婚するっていうふうには考えられなかった」という。

その日は暑かったので靴を履くのはよしたのか、マギーは病院の手術医が手術のときに履く使い棄てのスリッパを履いていた。

「しかたない。戻りましょう」

「いつもはバスで行くから、裏道しか知らないのよ」

「急いで戻れば間に合うと思う」

車をスタートさせて、再び走り出したところで、

「ほら、この先、あそこでUターンしよう」という。

「まさか」

「Uターンしましょう」

「このハイウェイでUターンしたら、わたしたちは衝突事故で死ぬか、ハイウェイパトロールに逮捕されるかのどちらかよ。わたしはどっちもいやだから、出口があるまでこのまま走るから」

「あたしは運転は全然やらないから、知らなかった。でもUターンできないなんて意味ないわねえ」

そうこうするうち、次の出口の表示があって、それにはユティカとある。なんですって！　ユティカですって！　じゃあ、やっぱりユティカへ行こう！

その朝は、ユティカへ行こうということになっていたのだ。もともとは。ところがヴァージアが急に気が向いたりしてフライドチキンを作ってあげるからね、といいだして、フライドチキンを作って食べていたら出発がすっかり遅れ、ユティカはもう無理だ、かわりにパイニーウッドで我慢しなさい、ということになった。

ところで、ユティカには何百人という赤子を取り上げた産婆さんがいる。その女性に会うべきだ、ということだった。ヴァージアもマギーも、彼女らの兄弟姉妹、いとこたち、皆その産婆さんに取り上げてもらったのだ。

結局「ユティカ」の表示に従って高速道路を降りて、二車線のいなかの道をしばらく走ってみたら、ユティカに着いた。産婆さんの家はユティカの隣のカーライルなのだが、人びとは大体この二つの場所をまとめてユティカとして扱っている。

ユティカの「ダウンタウン」とは一本のごく短い町並みのことなのだが、そこまで行くとマギーは「ああ、ここまでくれば、もう全部思い出した」という。「産婆さんの家へ行く途中にあたしの伯母さんの家に寄ってみよう」。その伯母さんは十五人の子どもを産んだひとだった。その家に寄ると、玄関の扉を入ってすぐの居間に大勢の子どもたちがいた。三十を越えている娘もいたので、誰が子どもで、誰が孫なのか、よくわからない。たずねてみたが、次々に出てくるので、よくわからない。写真をとらせてもらった。一枚の写真の中には入りきらないので、三回ぐらいに分けてとった。あとでその三枚をつなげると、よくある連山や山脈の写真のようになるだろう。一枚のフィルムではどうしても収まりきらないので、右から左へ、または左から右へと順次撮影して、あとで数枚のポジをうまくつないで一枚の横長の写真にする方法。「ミシシッピーの横長の一家」と名付けよう。

　十八号線でいよいよ産婆さんの家へ。「着いた」とマギーがいうので車を止めたら、右手に一軒の小さな平家があって、ポーチに出した椅子に腰かけて街道を眺めている女性の姿が見えた。ポーチの下まで行って、彼女を見上げつつマギーとわたしは挨拶した。マギーは「マギーですよ、おぼえてますか？」といった。わたしはヴァージアの知り合いで、あちこちへ出かけて行っては話を聞かせてもらっている者なのだけれど、もし迷惑でなかったら、話を聞かせてください、と頼んだ。青い花模様の色褪せたワンピースを着て、頭をたくさんの蝸牛《かたつむり》がじっと休んでいるように見えるスタイルに結ったリジー・マクルアは驚きもせず、ただ静かな声で「ポーチに上がって椅子に腰かけなさい」といった。

　なぜわたしの話を聞きたいのか、おまえは誰なのか、何をする者か、そのような問を発することもなく、彼女はただちに「どんなことが知りたい？」といっただけだった。

　ポーチに横に一列に並んですわっていた三人の女たち。マギーが右端にいて、リジーが真中で、わたしが左端でテープレコーダーを回していた。「南部の奥地」といわれるミシシッピーの、夏の午後。羽虫の唸り声。蟬の声。目の前の街道を往きかう車のエンジンの音。道をへだてて向こうには、ブリキの撞球場。Tシャツに汗をにじませた男たちが、隣のよろず屋に行ってコーラなどを買っている。何もかも、屋根までもブリキのその娯楽小屋はとても暑いだろう。

リジー「どういうことが知りたいの？」
藤本「いろいろなことが」

「わたしはね、八百六十九人の赤子を取り上げましたよ。生きて生まれてきた赤ん坊たち。死産は二十三人。わたしは一九〇五年の十一月十四日生まれ」

「妊産婦の所へはどうやって行かれましたか」

「馬車や、馬や、トラクターに乗って」

「トラクター？」

「あははは。そう、トラクターで。人びとはやがて乗用車を持つようになったけど、泊まりがけで行くこともあった」

「助産婦としての訓練はどうやって受けたのですか」

「わたしよりずっと年上の助産婦について。その頃は誰でもそうやって年上の助産婦について習いおぼえたものだったから、わたしもそうやってまず働いて、それから独り立ちしてね、そう」

「このあたりでの子ども時代はどんなものでした？」

「べつに悪いこともなかった。わたしは学校へも行ったし。『フリー・スクール』へ」

「あなたは有名な『フリー・スクール』へ行って学んだ生徒の一人だったのですか？　遠かったですか？」

「歩いて行ったのね。どのくらいの距離だったか、はっきりはわからないけれど、かなり遠かった。四キロぐらいだと思う。歩くのは大変だった。ほんとに。でも靴を持っていたから運がよかった。父が全部くれて」

「お父さんは土地を持ってましたか？」

「そう。土地を持っていて、小作人も使ってたし」

「どうやってその土地を手に入れたか知ってますか？」

「はじめはその農場を運営していて、そうしながら金をためて買ったの。そう」

「学校は何年間行きましたか」

「七年生になるまで。八年目はとうとう終えられなくてね。八年まで行けたら、そうしたかったけれど。近頃は十二年生になるまで行く子どもたちもずいぶん多い。ほんとに」

「で、どういうわけで」

「助産婦《ドクター》になろうときめたかって？　そうねえ、そう、なんというか……したいと思った仕事だった。産婆さんたちの手伝いをしていて……自分でも産婆になろうときめる以前のことよ……そして、なろうと決心して、見習いになったわけ。独り立ちして開業するための許可証をもらうためには『クラブ』へ行くことが必要でね。一年に一度行って、許可証の更新をして」

「毎年更新するというのは、そう簡単なことではないでしょう」

「そう簡単なことじゃないね」

「試験があるとか？」

「検査がいろいろあって。血液検査をやって、身体検査もやって。仕事のための鞄も持って行って、それも検査されることになっていた。何もかも清潔かどうか調べた。そういうこと全部しなければならなかったわけでね。ほんとに」

「独り立ちして開業したのはいつでした？」

「三七年。一九三七年。一九六七年にやめるまで」

「三十年の間、ずいぶん働かれたわけですね。多くの女たちの母親の役目で」

「そう。ずいぶん多くの人たちの母親みたいね。ほんとに誰もかれも取り上げたんだから。マギーの伯母さんだって。その伯母さんの子どもたちもみんな取り上げたし。ヴァージアも。みんな」

「で、今は引退後の生活をゆっくりと楽しんで？」

「引退後の生活を楽しんでるの」

「そして、ここにこうして坐っていると、あなたが取り上げた子どもたちが通るのが見えるのですね」

「そう。そう、仕事は好きだった……」

「白人の赤子を取り上げたこともありますか」

「一人だけね。わたしが開業したころには、もう連中は町の病院でお産をするようになっていたから」

「それにしても、三十年間に八百人の赤ん坊たちとは……」

「八百六十九人。そして死産は二十三人。場合によっては、行ってみて、あ、これは医者に連れて行かなくては駄目だときめることもあってね。そのままじゃ生まれないという場合ね。医者へ行った場合は、わたしの世話した分娩の中には数えていないから」

「近くの病院はどこでした？」

「ジャクソンまで行かなければならなかった」

「乗用車が使われるようになる以前は馬やトラクターでジャクソンまでお産のために行ったのですか」

「そうだった」

「これはわたしの手に負えない、というのはどう判断しましたか」

「陣痛が始まってどのくらいの時間が経ったのか、ということ。陣痛が始まって一定の時間内に産まれなかったら、何か問題があるということだから」

「死産はわずか二十三件ということでしたが、ずいぶん少ないですね。現在でも死産はとても多いのに」

「わたしの場合は二十三件」

「ご自分の子どもは？」

「息子が一人。孫が十人。孫は皆わたしが取り上げましたよ」

「ご自分で産むとき、怖いと思いました？」

「思わなかった。安産だったし」

「経験から、何か逸話などありますか」

「どんな話が聞きたいの？」

「そう、見当もつかないのですが、たとえば、お産のときの父親たちの立ち居振舞いについてとか」

「(軽く笑って)ずいぶんおかしな男たちもいますよ。ほんとに。すっかり怯えてしまう男たち。全然平気な男たち。産室へ入ってこない男たち……」

「よそへ出かけてしまうのですか」

「いや、出かけないでうろうろしてるのね。遠くへ行きたくはないけど、というわけで。すすんで手伝ってくれる男たちもいたしね。そう。恐くて部屋にも入れない連中……」

「もっとも高年の産婦は何歳でした？」

「わたしは十三とか十四歳の少女たちの世話をしたことは一度もなかった。一番高年は五十二歳だった。十代の女たちの分娩はずいぶん手伝った。でも引退する以前にすでに、初産は助産婦の手でなく産むのがよいとされるようになってね。引退する以前のこと」

「でもまた最近助産婦による分娩が復活してきましたね。一時、人びとは助産婦ではお産は駄目なのだと考えるようになっていたと思いますか」

「そうじゃなかった。人びとは助産婦では駄目だなんて考えたわけじゃなかった。もう引退するといったら、引退しないで仕事を続けてくれといわれてね。お産のために。でも、わたしが、もう歳になったからやめようと考えてね。しょっちゅう夜中に出かけて行く生活はもうきついと思ったから。どんなに寒くたって、生まれるとなればおかまいなしだから。嵐の晩に出かけたこともあった。そう、嵐の晩にも。ひどい天気には、ずいぶん悩まされて。歩いて行ったわけではないけれど。雪の中を出かけたし。それに助産婦はいつも厳しく監視されていてね。わたしの仕事の成績はかなり良いのだけれど――」

「お産には現在でもかなり多くの事故や問題が起こりますね」

「それはね、自然の成り行きにまかせないからですよ。無理しちゃいけない。自然というものの成り行きに従えば、子どもにはちゃんと生まれてくるチャンスがあるわけだもの。無理なことをしちゃいけない。

以前は医者に家へきてもらうこともできたけれど、それもできないことになった。きてくれない、というようになって。病院へ連れて行ったのでは間に合わない、ただちに医者に駆けつけてもらわなければだめだ、という場合だってあるし、病院へ連れて行く方法がない場合だってあるのにね。もう産婆の仕事はやめようと考えたのには、それが理由の一つでもあったの。それまでに母親を死なせたことは一度だってなかったし、死なせるようなことはしたくなかった」

「三十年間、一度も母親の死亡はなかったのですか」

「八百六十九件の分娩で、母親は一人も死ななかった。死んだ母親は一人もいなかった」

「ほんとにまったく瑕のない記録なのですね。早産は少なかったのですか」

「かなりあったけれど、早産だから病院で産んだほうが安心だと考える母親なら、病院に行くまでは傍についていて、一緒に待ってやったのね。月足らずの赤ん坊を自宅で育てたいというのなら、それでもいいよ、といってやって。そう、未熟児はかなりいたわね。千三百グラムぐらいの子どももいて。そういう子どもたちを家で育てたいといってね、ほんとに。月足らずの子どもをとても上手に育てる母親たちもいた。暖かくしてやること、それがだいじ。ちゃんと暖かくしておけば、自宅でも十分育てられる。このあたりには、立派に育て上げられた月足らずの子どもたちが大勢歩きまわってる。あははは……あははは……」

「妊娠して数カ月もすると、母親たちはあなたのところへ依頼にきたのですか」

「診療所へ行った。診療を受けにね。わたしも時折り診療所に寄ってみるようにしていてね。母親たちの様子を見にね。健康そうかどうか、すべて順調にいっているかどうか。わたしの手で分娩させることができる状態かどうかを見ていた。臨月になると、わたしのところへ依頼にくる習わしになっていた。もし流産したら、わたしはしばらく泊まってやるようにしていたの」

「あなたが開業した頃すでに、診療所はあったのですか」

「そう、もう診療所はあった。かなり早くからあったの」

「でも実際に産むための施設はなかったのですね。白人の赤ん坊の分娩を一人だけ手伝ったということでしたが、どうでしたか」

「五〇年代のことだった。黒人の子どものお産を手伝うのとちっとも変わらなかった。母親も父親もいい人たちで」

「仕事以外の場では、このあたりの黒人と白人の関係はどうなっていましたか」

「(街道をへだてて向かい側にある「よろず屋」を指して)あの店は白人の家族。わたしはこの家に住んで十六年になるけど、気持よく近所づきあいをしてきましたよ。ほんとに気持よく。とても気持よく。ここらではとても仲良くやってる。ここへ引っ越してくる以前だって、近所の白人たちはよかったし」

「どこでもそういうふうですか」

「わたしが住んだところではね。そうじゃないという人たちもいるけれど、わたしは経験からしかいえないから。わたしが子ども時代を過ごしたところでは、白人と黒人の子どもたちは一緒に大きくなって、一緒に遊んで、同じテーブルに坐って食事をしたもの。一緒に育てられて。何もかも一緒だった」

「女であることは、男であることより大変だと思いますか」

「どちらも大変だと思う。どちらも働かなければならないのだから」

「でも、畑仕事をしたこともあるが、畑仕事は好きだったと？」

「そう。畑で働くのは楽しかった。男みたいに耕してね。女のほうが男よりちょっとばかり大変かもしれない……」

「女のほうが男より、難しいところをどうにかきり抜けることがちょっとばかり上手でしょうか」

「そうだと思う。女のほうが我慢強いのかもしれないしね。男やもめのほうが後家さんよりまいってしまうもの。

で、あなたはおくにを出てから何年になるの？」

「いったりきたりしているのですが。アメリカで暮らすのは八年目です。ミシシッピーにきたのは、でも、はじめてなのです」

「そうなの。孫が日本にいるのですよ。軍隊の基地に。手紙をくれてね」

「この家にたった独りで住んでいるのですね」

「そう。でも寂しくはないの。わたしは九人きょうだいの末っ子だった。母かたの祖母が産婆をやっていた。わたしはその祖母のあとを継いだわけね。大切な仕事だったと思う。いのちのはじまりを手伝う仕事は……とても大切だと……赤ん坊たちには生きてもらいたいから。とても大切な仕事……あたしはね、いまでもまだ産婆の鞄、そのままとってありますよ――」


リジー・マクルアは言葉少ない。質問をしても、短く答えるだけで、あとは黙ってしまう。内気であったり、自信がなくてそうなのではなくて、生活とはそれについて長々と語るものではなくて、自分が引き受けた責任を果たしえたかどうか、その点を問えばよいのだという考えなのかもしれない。ポーチの揺り椅子に腰かけていると、リジーの取り上げたかつての赤子たちが、トラックや乗用車やオートバイで通るのが見える。リジーをみとめて、手を振っていく。八百六十九人のいのちのはじまりに立ち合ってきた言葉少ない老女は独り暮らしだが、男や女が手を振って往来する村の街道沿いの家のポーチから世界を眺めている。男や女たちは自分をその肉体を通して産んでくれた母と、この世に出てくるところで手を貸してくれたリジーの二人を母親と考えているのかもしれない。

エリーズ・サザランドは『獅子よ藁を食《は》め』という物語で、血縁でない産婆さんに育てられる小さな女の子アベバのことを書いているが、産婆さんは少女の生命の源泉になる存在として描かれている。誕生の瞬間に手を貸してくれただけではなく、少女が産婆さんと別れ、ノースカロライナからニューヨークへ行って生みの母親と暮らし、結婚し、十五人の子どもを産み、育て、やがて癌になって死んでしまう一生に、たえず現れては言葉をかけ力を与え支えてくれるのは、この「ハブルシャムかあさん」と呼ばれるとっくにこの世を去っていた産婆さんだった。

ハブルシャムかあさんは、朝空を見上げれば、その日新しいいのちがこの世に到来するかどうかわかる、ということだった。新しいいのちと女たちの間にある橋のような女だった。また人びとは「頭をつけて寝ると、知恵がうつる」と信じていたのだから、ハブルシャムかあさんの痩せた皺だらけのからだにつかまって、彼女の頭に自分の頭をつけて眠ったアベバにはすぐれた知恵があったのも当然だった。そして十五人もの子を産んだ力は、やはりハブルシャムかあさんからやってきたものであったかもしれない。

いのちをその仕事の内容とする助産婦に対する敬意や愛情は、まだ彼女らの存在を感じ続け記憶している地方の人びとの間に強い。リジーのいうように、白人よりも黒人のほうが長く助産婦にたよる暮らしを続けてきたからなおそうである。「自然の成り行きにまかせること。無理をしてはいけない。自然にまかせて待てば、ぶじに生まれるチャンスは大きい」とリジーはいった。そして「わたしの世話したケースで、死なせてしまった母親はいない」とも。病院で産むのが当然と考えられるようになってしまっているいま、分娩で死ぬ母親たちは少ないわけではない。死産も驚くほど多い。「計画分娩」などといわれて、自然はねじまげられたり、病院のスケジュールによって管理されたりしている。人びとはもはや誕生の瞬間に手を差しのべ抱き上げてくれた、「もう一人の母」などはもたない。リジーは難産で病院へ行かなければならない場合は病院に着くまでは一緒にいてやったし、流産したら、しばらくその家に泊まってやったという。アメリカでもっとも貧しいといわれるミシシッピー州の、白人たちよりさらに貧しかった黒人の共同体の助産婦たちは、産もうとする母たちがそのからだをあずけた相手であると同時に、こころのよりどころでもあったに違いない。『獅子よ藁を食め』のハブルシャムかあさんの肉体が滅びた後も、彼女がアベバの傍を離れることがなかったように、リジーというミシシッピーの片いなかの一人の助産婦も、たえず母たちの傍にいる存在のようだった。引退した後も、郡道十八号線沿いの小さなつつましい家のポーチに腰を下ろして街道を眺めていたのは、その姿を見る者たちにいのちのはじまりを思い起こさせる一人の老婆で、その姿は彫像のようでもあったし、またある日そこから消えても、ちっとも消えたことにはならない存在を表していたように思う。

リジーは貧しさについての苦情を一度も口にしなかった。リジーの家は寝室と居間の二間で、台所は一度外に出てから入るようになっていた。調度もつましい。お手洗いを借りたいといったら、お手洗いはない、という答えだった。それは家の中には便所はないということで、屋外にあった。古くなって使えなくなった箒の棒をトイレットペーパーの軸にさしてあった。扉を閉めてしまうと、中は闇。じっと目を開いて待っていると、少しずつ見えてくる。

リジーが貧しさについて苦情をいわないのはつつましさを徳として重んじているからではなかった。話を聞かせてくれた女たちには貧しい人たちは多かったが、貧しさについて問われれば、彼女らは口にする食べ物がなく、寒い季節にも身に着ける衣服が全くない、履く靴もなく、雪の上を裸足で歩くような場合にしか「貧しい」とはいわない。飢えをいやす食糧と寒さをしのぶ衣類があれば、彼女たちは「わたしたちは運がよくて、貧しくはなかった」という。「そりゃ、よそから見れば貧しいといえるかもしれないし、けっして贅沢はできなかったけれど……」と、よそからきた人のためには付け加える。貧しさという言葉の定義には、よそでは種々あることはわかっているし、それらの定義からすれば、わたしたちは貧しいということになるのだろうけれど、飢えを知らず、冷気や雨風から身を守る衣類があれば、わたしたちは貧しいとはいわない、ということである。独自の価値の規準で生きてきたのだ、ということである。「服は二枚あって、それをかわるがわる洗って学校へ着ていったから、いつも清潔だった」という。彼女たちが自分は貧しかったと考えるのは「服は一枚しかなくて、毎晩それを寝る前に洗って、物干しのロープさえなかったから、椅子の背にかけて乾かした」という場合である。そして「靴はなかったから裸足で学校へ八キロ歩いた冬は冷たくて」というような場合。そのような貧しさに対する定義は、東部、中西部、南部とべつべつの土地で、べつべつの機会に聞いた。そのたびにわたしはわたしたちの膨張し続けてやむところを知らない物への所有・私有欲について考えた。そしてそれに比例して貧しくなっていく「ほんとうに必要な物」に対する規準のことを。基本的な必要がみたされていなくとも、もうそれとも識別できなくなっているような、鈍らされた規準のことを。

作家のトニ・ケイド・バンバーラが貧困のどん底にあるような黒人の心を占めたのは物への欲求ではなかった、と述べたことは先に引いたが、彼女は名付けがたい「何か」への欲求については次のようにいっていた。

わたしたちは異質な一群の回路のより近くにいるのだと思う。それを精神異常とか狂気とか呼ぶ人もいるのだけれど……。都会的に洗練されきった連中が心理的にも知的にも混乱してしまうと、南部のふるさとへ帰ってみたりするのね。いなかへ。それはどういうことかといえば、先祖たちに触れてもらうとか、店舗を借りてやっている教会へ行って説教をきくとか、おばあちゃんに会いに行くとか、そういうことでしょ。おばあちゃんはその手をそっと頭においてくれる。癒やしてくれる。

「何かあったね。この間まではひどい様子をしてたけど、ずいぶん元気になったもの」。そうたずねると、そういう連中は「うん、まあな。南部へ行って、ちりめんキャベツやとうもろこしパンを食って、年寄りたちと話しただけさ」なんて答える。かなり執拗にきかないと、意味深い逸話をひき出すことはできないわけ。体験を語ることのできる言語が存在しないからなのね。

都会で身も心も疲れはてた黒人たちが、南部へふと戻ってみて会いに行くのは、たとえばリジー・マクルアなのだ。リジーの手が肩に置かれることによって、「何かが起こる」、癒やされることがある。それはリジーの個人的な能力であるよりは、幾世代にもわたって手渡され続けてきた力であるかもしれない。リジーは、「母方の祖母が産婆をやっていた。わたしはその祖母のあとを継いだわけね」といった。継ぐ、といっても物理的に設備のある家業を継ぐわけではない。彼女らの仕事は小さな黒い鞄ひとつのそれである。継承するのはたましいの力や共同体における役割である。肉体がこの世にあらわれるのを手伝うことを仕事とするサザランドの産婆ハブルシャムかあさんは、死んでなお、アベバのそばにいて、力になる。アベバがずっと昔世話になった一人の産婆のことを思い起こして勇気をふるいおこすのではなく、産婆さんは現前するのである。アベバのいのちの再生のために。バンバーラのいう「おばあさんの手が置かれ、癒やされる」ということも、疲れ萎えた肉体やたましいの再生を意味している。このような存在、このような存在との関係への渇望を、二十代の若い詩人にして演出家でもあるヌトザケ・シャンゲは舞踏詩『死ぬことを考えた黒い女たちのために』で次のように表現している。

赤いドレスの女　何かが足りないのだった
紫色のドレスの女　とても大切ななにかが
橙色のドレスの女　約束されたはずのなにかが
紫色のドレスの女　そっと置かれる手
緑色のドレスの女　額のすぐ傍にある指
黄色いドレスの女　強く
緑色のドレスの女　冷やりとして

橙色のドレスの女　動いている
紫色のドレスの女　まるごとのあたしにしてくれる
橙色のドレスの女　意味を与え――
紫色のドレスの女　あたしをきつく抱きしめて
　　　　　　　　　ずっとおまえはわたしの娘だよという
　　　　　　　　　かあさんではなく
　　　　　　　　　そう　乳房や子宮を押しつけられるのではなく
　　　　　　　　　そっと置かれる手が
　　　　　　　　　あたしの神聖さを解き放つ

この『死ぬことを考えた黒い女たちのために』は、

少女であったこともない女の
女であることについての暗い言葉
半音が散らかっているばかりで
リズムもない
ふしもない
黒い少女の肩に
狂った笑いが落ちかかる――

と感じる女たちのたましいの再生をめぐる作品だといってよいと思うが、終わり近くに女たちがこの「置かれた手」のことを語るのは、個人として体験したことはないが、集団としての記憶はまだあり、そのおぼろな集団的記憶を若い女たちが手さぐりで探しあてようとしていることを表しているのだろう。集団的記憶を甦らせようとする行為は、すでに肉体やたましいの治癒や再生にたずさわっていた女たちの力そのものを現前させてしまう祭式のようでさえある。

リジー・マクルアが実際にいわゆる治癒師《ヒーラー》であるという話は聞かなかったが、トタンの撞球場の向かいの小さな家のポーチに坐って道行く者たちを眺めているかつての産婆の丸みをおびたからだと遠いまなざしには、「癒やしてきた女たち」の伝承と時間が重なっていた。南の夏の午後のゆらめく蜃気楼の向こうに。

死のかたわらに

1　暑い日のおとむらい

二十歳の女性が恋人に拳銃で胸を撃たれて死んだ。撃たれたのはバーの前で、救急車で聖ルカ病院に着いたときには、もう息たえていた。二度撃たれ、弾丸は乳房に穴を開けた。彼女はイヴォンヌ・スコットという名で、イヴォンヌを撃ったのは五十歳の年上の恋人だった。恋人には妻子がいて、イヴォンヌがその恋人との仲をあまりに真剣に考えはじめたので、男はうるさくなって二発の銃弾を放ったということだった。イヴォンヌが「あんたの奥さんに電話して、離婚してほしいというつもりだから」といったので、男はそんな面倒なことはかなわん、といって、バーの前に車を停めて待ち伏せしたということだった。

イヴォンヌは黒人女性だった。恋人も黒人だった。イヴォンヌが射殺された話をしてくれたのは、マティ・ラリイという友人だった。マティ・ラリイはウィスコンシン州ラシーヌのひとで、私が彼女にはじめて会ったのは七年ほど前のことになる。マティは白人家庭の掃除をすることを仕事にしている。

マティがきているときは、すぐわかる。扉を開けて家に入ると、マティの歌うゴスペル・ソングが聞こえる。マティは今年五十歳になった。

わたしはラシーヌへは数回おもむいて、何人かの女性に話を聞かせてもらった。そのとき、マティにも、よかったら話を聞かせてほしいと頼んだ。マティはいつもラシーヌの黒人の住んでいる区域の犯罪の話をしている。恐ろしいことだと、いつも色々な話をして福祉手当を受け取ってる連中はほんとにいやだ、といつもいう。彼女は糖尿病に苦しみながら、働いている。ビニールの袋に薬をたくさん入れて、持ち歩いて。

わたしが話を聞かせてと依頼したとき、マティはなぜかわたしが黒人の居住区の犯罪の話をしてくれといっているのだと思い違いして、「いいわよ。わたしのする話が、若い人たちが犯罪者になるのを防ぐ効果があるかもしれないものね、そのためなら、喜んで話してあげる」といった。わたしが聞きたいのは、彼女自身の生い立ちと体験なのだが、といって説明すると、「わかった。それでもいい」といった。

約束の日の二日前に、イヴォンヌ・スコットが恋人に拳銃で撃たれて死んだ。マティはそのことに大変な衝撃を受けていて、わたしの顔を見ると、すぐその話をした。そしてその日の午後、教会でお葬式があるから一緒に行こう、といった。「男をあやつることをどこかで習いおぼえた小娘の死は、遺族を当惑させてる。遺族はわたしの主人の親戚だから、わたしは顔を合わせたくないの。いうべき言葉もないものね」。マティは小娘が男を手玉にとった、そして男が娘を処理した、それは恐ろしいことだが、当然の報いでもある、と考えている面があるようだった。

約束の時間に、私は車を運転して教えてもらった所番地を探していた。あれ、通り越してしまったかな、と思ったとたん、背後で警笛が鳴った。なんだろう、とバックミラーを覗くと、そこにはマティの車が映っていて、マティのサングラスの顔も見えた。ハンドルの向こうで、おまえは通り過ぎたぞと知らせる身振りをしている。信号のところで、マティはわたしの左側に車をつけて、「ついてきなさい！」といった。

それは七月中旬の蒸し暑い日だった。陽は照りつけるというより、重い空気をジリジリと熱して、大気は赤茶けていた。脂肪のような汗は乾くこともなく、薄膜となって人々の全身を覆い包んでいた。

教会の裏手にマティとわたしは車を停めて、正面の入口に向かって歩き出した。マティがその右腕をわたしの左腕に鉄のような力をこめて絡ませる。これから目のあたりにする、あまりにも痛ましいおとむらいの光景からわたしを少しでもかばおうとしてくれているのか、それともわたしにそうやってつかまることで、教会に入って行く勇気をふるい起こそうとしているのか、わからなかった。おそらくその両方だったのだろう。マティの腕から伝わってくる張りつめた神経の音波がわたしのからだに入って行った。わたしはかすかに震えていた。

階段を昇って会堂に入ると、会堂の中は参列者で埋まっていた。人びとは団扇《うちわ》をハタハタと動かしていた。最後部の椅子に腰を下ろしたマティとわたしに、誰かが二本の団扇をくれた。団扇の表には、ジョン・ケネディとロバート・ケネディとマーティン・ルーサー・キング牧師の顔写真が印刷してあって、「自由のためにたたかい斃れた三人のアメリカ人」と書いてあった。裏面には「カスボスキー葬儀社提供」とある。会堂の中、ケネディ兄弟とキング牧師の無数の顔が波となって、動かぬ重く熱い空気にひたひたと寄せる。

「柩の蓋は閉めてあるのね」とマティが囁いた。若い女性が賛美歌を独唱していた。啜り泣きの声が聞こえる。女たちが啜り泣いている。賛美歌を唱う声がひとしきり高まり、会堂の鉛のような熱気を突き刺すと、鋭い叫び声を上げて、白いドレスの女性が立ち上がった。「イヴォンヌの伯母さんよ」とマティがいった。白いドレスの女性はその両眼を固く閉ざし、左右に揺れていた。若い男たちが数人駆け寄り、団扇を激しく動かし、坐らせた。やがて賛美歌の独唱の声はその豊饒と悲痛を道連れにしてクライマックスに達し、止まった。プログラムにある通り、牧師の説教がはじまると、先程のイヴォンヌの伯母さんがふたたび叫び声を上げ、続けて大声で語りはじめた。彼女の声は牧師の説教を翔び越えて、直接神に向けられていた。

「このようなことがあってよい筈はありません。なぜ、あなたはこのようなことを許したのです」

牧師はそれを無視して説教を続ける。彼の声とイヴォンヌの伯母さんの声が奇妙な二重唱となって響き続けた。と、ふと、一瞬の沈黙があって、そして伯母さんの白いドレスの姿が音もなく崩れた。「気絶した」とマティがいった。喉が痛むような声でいった。

またしても若い男たちが数人駆け寄り、パタパタとさかんに団扇を動かした。やがて白いドレスの失神した肉体は抱き上げられて、教会の外へ運ばれた。間もなく、救急車のサイレンが近づく音が聞こえてきた。

そのあとにも、何人もの女性が気絶した。牧師が人間の道徳の腐敗と罪と悪について語りはじめると、一人の若い女性が耳を覆い、叫び声を上げた。サイレンのように、叫ぶ声は途切れずに響き渡った。「イヴォンヌの妹よ」とマティがいった。玉のような汗を浮かべて、小きざみに震えていた。

救急車の音が、あとからあとから。

ふつう、キリスト教徒の葬儀では、教会を出て墓地へ向かう前に、参列者は柩のなきがらに最後のお別れをいう。柩の蓋は半分開けられてあって、顔を見てお別れをいう。けれども、その日は、遺族の希望により蓋は閉じたままにしておく、と牧師が告げた。すると、前の方で叫び声がして、「それはだめ！」といった。「イヴォンヌの妹よ」とマティがいった。「あの娘は葬式のために特別に、昨晩刑務所から出してもらったの。まだ姉の姿を見てないのよ。麻薬で入ってる」

妹がせがむので牧師はついに負け、それでは近親者にだけ、といって柩の蓋を開けた。姉と対面した妹ははげしく泣いた。「なぜ？　なぜ？　なぜ？」と泣き続けた。「もう閉めます」という牧師の声を合図に、葬儀社の者が蓋を閉め、参列者の中には出口に向かう者もいた。妹はまだ泣いていた。無惨な死で姉を喪った、過去のすべての妹たちの声がそこに集まったかのようなはげしさと底無しの無念を表して、妹は泣いていた。

会堂の空気は茶に染まり、燃えるよう。わたしは自分の眼がつぶれるように錯覚した。紗幕で遮られたような視界で、声をすでに失った褐色の妹が落葉のようにはらりと、音もなく倒れた。幻覚のように。

参列者の車に葬儀社の係員が「葬儀」と染めぬいた小さな旗を立てる。そのひどく小振りの旗を風に鳴らして、葬列の車が墓地に向かう。旗の威力で、信号が赤でも停まらないでよい。それだけがこの車の行進をはかない凱旋行進のように見せかけている。

墓地にはすでに穴が穿たれていた。花輪が並べてあった。女たちの失神も続いた。マティが「もう、いやだ」と一言いった。そばにいたマティの女友達が「お葬式が長すぎるのよ。教会で悲しい歌を歌いすぎたのよ」といった。

そのあとミルウォーキーに向かうことになっていたわたしに向かって、マティとその女友達は国道九十四号線に乗るところまで案内してあげようといった。マティはマティの車を運転し、その女友達は彼女自身の車を運転し、そのあとを姑から借りた車を運転するわたしが走った。九十四号線に乗る入口はずいぶん遠くて、三台つながっているわたしたちは四十分も一緒だっただろうか。三人の女たちの葬列のようだった。

それぞれさまざまな思いを抱えて、それぞれの車を運転しつつ、連なって走った。夕暮れが近づいていた。九十四号線の入口までくると、彼女ら二人は右手に寄り、緊急駐車線に車を停めて、わたしが走り過ぎるのを待った。「アリガトオオオウー」という意味で、わたしはクラクションを軽く鳴らした。「ドウイタシマシテエエエー」という意味で二人も軽く鳴らした。それから私は「つらいおとむらいでしたね」という意味で、けたたましく、しつこく鳴らした。二人も「そう、つらいおとむらいでした」と、はげしく、けたたましく鳴らした。クローバーの葉の形のランプを走りながら、私はまだ鳴らしていた。会ったこともない二十歳の女性の、撃ちぬかれた褐色の胸を思い、鳴らし続けた。そのような生の終わりかたをどう思ったらよいのかわからず鳴らしていた。それが、会ったことすらない二十歳の娘に向けた、わたし自身のおとむらいの歌でもあるかのように。

2　オービー夫人の葬儀社

アーネスティン・オービーほど典雅な女性はめずらしい。彼女は七十五歳ぐらいと思われるが、背の高いそのからだをまっすぐに運び、言葉遣いのやさしさ、柔らかさ、表情のたおやかさが、ふとゆるんだ心のせいで消える、というようなこともない。そのたゆみない高潔は黒人女性として生きてきた長い人生に弱められることはなく、むしろ強められてきたとさえいえそうである。オービー夫人にかぎったことではないが、多くの黒人女性の高潔と勇気は、黒人であったからこそ、黒人であるからこそ手放すことのできないものだということが、彼女たちと話しているとわかるようになる。敗北の最終地点は自らの人間性を売り渡してしまうことだと、彼女らは信じている。いつでも生きのびることが最小にして最大の課題だった彼女らにとって、生きのびるとはつねにそういう意味を含んでいる。

はじめてオービー夫人の葬儀社に出向いたのは昨年(一九八〇年)の夏だった。ミルウォーキーで十余人の女性と会い、話を聞かせてもらったその七月の十日間は、湿度も気温も高い、重苦しい天候の日々だった。ゲットーの暑い夏の日には、沈澱した絶望や失意がやはりゆらゆらと陽炎《かげろう》となって揺れている。ゲットーでは青々と生い茂る樹木が影を投げることもない。剝げかけたペンキの黄色がささくれだって、血が流れるのではないかと思ってしまう。眩暈《めまい》する正午まぢかの陽光の中で、ポーチの階段に腰かけた男たちが缶ビールを呑んでいる。

オービー夫人の葬儀社はセンター通りにある。センター通りはゲットーのちょうど中央になっている。

オービー夫人は「オービー葬儀社」を経営していた夫君の生存中に、二年間専門学校で勉強し、「葬儀執行人」と「死体防腐処置士」の資格を取った。エミール・オービー氏が「私はおまえに財産を残して死ぬことはできない。あげられる物といえば、今のうちにきみに資格を取る教育と知識を得る機会をあげることだけだ」といった。オービー夫人は大学を終えて、ソシャルワーカーとして働いたこともあったが、夫の死後も葬儀社を続けてゆきたいと考えて、学校に行きはじめた。三十人のクラスで、女性は彼女だけだった。二年後、彼女はすべての課程を終え、エミール・オービーの共同経営者になった。そして、夫の死後も、彼女が葬儀社を続けている。顧客はおもに黒人だが、「私が死んだらオービー夫人のところ以外では葬式をやってくれるな」と遺書に記して死んでゆく白人もいるし、「私の夫の葬式はあなたにやってほしい」と遠方からやってくる白人女性もいる。

話を聞きに行った最初の日は、彼女の車でミルウォーキーの町を走りまわった。公園でハンバーガーを食べ、湖の近くのアイスクリーム屋でソフトクリームを食べたが、それ以外はおよそ七時間、彼女は走る車の中で話をしてくれた。

町中の誰もが彼女を知っているようだった。信号が赤に変わって車を停めるたびに、あちこちの車から挨拶の身振りが送られてきた。ハンバーガー屋やアイスクリーム屋でも、あとからあとから人びとが挨拶した。そのような女性のその日の連れがわたし自身であることに、わたしは大変な誇りを感じていた。

夕方になって、私たちは葬儀社にもどった。七時半から葬儀があるから、ということだった。もどると、オービー夫人は「一緒にいらっしゃい」といった。

わたしはいくつかある礼拝堂のうちの二つに案内された。最初に連れて行かれたのは、一番大きな礼拝堂で、そこには「ウィリアムズ夫人」の遺骸が安置されていた。「こちらはウィリアムズ夫人ですよ」とオービー夫人は生きた人を紹介するように柩の中の人物についていったので、わたしはお辞儀してウィリアムズ夫人に挨拶した。八十歳ということだった。オービー夫人ははげますような感じで彼女の手に触れ、ドレスについたボウを直した。花々に囲まれ、ピンクのドレスを着て、生きているように見える化粧をほどこされて、ウィリアムズ夫人はお別れにくる弔問客を待っていた。明かりも灯されていて、用意は万端整ったが、弔問客が押しかけてくるその前に、ちょっと仮睡しておきましょう、とでもいうような姿で。さようならを告げにくる客たちがきても、ウィリアムズ夫人の閉じられた瞳が開くことはついにないだろう、ということこそ嘘のようだった。

「ウィリアムズ夫人はここに何日泊まられたことになるのかしら」とわたしはたずねた。

「きょうで五日目になるのね。このピンクのドレスを着せてあげたら、あまりにも衿が深く開いているので、ドレスに合うスカーフを注文したのだけれど、それが届くのに手間取って、やっと昨日きたから」とオービー夫人はわたしの質問は奇妙だともいわずに答え、スカーフに触れて、「そろそろ時間ね」と亡骸にいった。

「もう一人おられるのよ」と、続いてオービー夫人は小さな礼拝堂に案内してくれて、こんどは「ジョージ・ウェスト」という男性に紹介してくれた。若い男性で三十にもなっていないと思えた。ボクサーのような鼻をしていたから、ボクサーだったのかしらと思ったけれど、オービー夫人の話によると、そうではないらしく、「でも、からだにとても多くの傷跡がある人なの。たくさん手術を受けたようね。イリノイ州に住んでいるけど、ミルウォーキーで亡くなって、ここでお葬式することになったの」。

ジョージ・ウェスト氏は白いワイシャツに黒と白の縞のネクタイを締め、チャコールグレーのスーツだった。ウィリアムズ夫人は堂々たる体格だったが、ウェスト氏は瘦身で背も高くない。年齢の若さがあまりにも痛々しく、病死ではなく、死にいたらしめるような暴力が介在していたのではないかという思いを払いのけることが難しい。命取りの病気のせいだったことも十分あり得るのに、たとえ心の中ででも、あれこれ詮索するのは礼を失すると感じつつも、安穏な生活を見出しえなかった青年の非業の死を、目のあたりに見ているという思いが執拗に離れない。

ウェスト氏の礼拝堂が小さく、柩もウィリアムズ夫人のそれより質素なのは、葬儀の費用が未亡人によってではなく、ウィスコンシン州の福祉局によって支払われているからということだった。

「私たちの中には失業者が多いから、州が費用をまかなうお葬式はずいぶんしますよ」と、小さな礼拝堂を出ながら、オービー夫人がいった。そこへ十二、三歳の少女が入ってきて、「ねえ、あんたのところには死人を置いているの？　あたし会いたいんだけど」といった。遺族でも知り合いでもないようだった。素肌に革のベストを着ている。オービー夫人は「亡くなられた方々に会うのなら、そんな恰好ではだめ。ちゃんと着替えて出なおしなさい」と声を荒げることもなく応対する。

弔問客が到着しはじめた。皆、ウィリアムズ夫人の礼拝堂に入って行く。やがて一人の若い女性がそうっと、まるで自分の足音に怯えるような表情を浮かべて扉を開けた。

　事務所の人が「誰をお訪ねですか」ときくと、「ウェストさん」と細い声で答えた。ジーンズをはいている。オービー夫人が「奥さんじゃないわ」といった。「奥さんはこないのかしら」

　ウェスト氏に面会して礼拝堂から出てきたその女性は青い青い顔で、靴を見つめるように俯いて、黙って帰って行った。事務所の窓の外にしばらく見えた彼女の後姿が、まだ熱い舗道の上で、ゆらりゆらりと揺れていた。

「葬儀社をやっておられて、こうしていつも死者とつき合っておられると、いちばん強く感じられることはどういうことでしょうか」とたずねると、オービー夫人は「生きてるってすばらしいと、強く感じますよ」といった。葬儀のために、いつのまにか彼女は白いブラウスと紺のスーツに着替えていた。礼拝堂を出たり入ったりして、すべてに準備が行き届いているだろうかと最後の点検をしている彼女の身の動きは、死者と生きている者たちが共にする最後の時間に威厳を与える者の誇りと力強さにみちている。彼女は死者たちの世界と生きている者たちの世界の間の敷居にうっかり躓いたりすることもなく、まるで自然そのもののように往き来する。「わたしは大柄でしょう？　だから、遺族はわたしに世話をしてもらうと安心感を持つのね」というが、じつは彼女と死者の世界のしなやかな交わりが遺族の心を慰め安堵させるように、わたしには思えた。

その夜わたしはニューヨークの自宅に電話した。けれども、わたしの口をついて出てくるのは「きょうは二人の人物に紹介されたけれど、その二人はすでに死んでいた」という言葉ばかりで、報告はいっこうに意味のわからない、らちのあかないものになった。

3　弔歌

オービー夫人は葬儀社を営んでいるから、毎日死のかたわらにいる。死は日常的な事実であり、現実の大きな部分を占めている。死と生の両世界を、自由にしなやかに往ったり来たりしている彼女のこころはひろびろとのびやかだ。彼女の表情のうつくしさや物腰のたおやかさをうみだしているのは、もしかしたら、死者への理解や愛情ではないかと思うのだ。それが生きている者たちへのやさしさにつながっている。生きている者のからだを抱擁するとき、彼女は死んでいった者たちのたましいを一緒に抱いている。マティもまたいつも死と隣り合わせだ。会うたびに、彼女はゲットーで死んだ者の話をする。老齢で天寿をまっとうした者の死ではなく、いつも年の若い者が無惨な事故や暴力沙汰や麻薬の盛り過ぎなどで死んでしまったという話だ。マティのこころはいつも痛んでいる。けれども彼女はまた、その痛みと暮らすこともおぼえた。

マティの語るような種類の死を、人々は「ゲットー的な死」と呼ぶ。ゲットーにはそういう種類の死がつきもので、それはゲットーの生活の一部でもあるということだ。ニューヨーク生まれの若い評論家ミシェル・ウォーレスは「わたしは中産階級的なものと、ゲットー的なものの両方の中で成人した。親戚には、ゲットー的な死にかたをした者たちも多かったから」と語ったが、その言葉の中にはゲットーに暮らすこと、またはその世界との交わりを持つことは、前提として「ゲットー的な死」と関わりを持つ、ということが含まれている。しかし、この死と日常的に隣接しているという気持はゲットーの暮らしの中にだけ限定されてあるわけではない。アリゾナ州で生まれ、ロスアンジェルスのゲットーのワッツで育ち、一九六七年からニューヨークに住むようになった詩人のジェイン・コルテズは、ニューヨークのグリニッチヴィレッジのアパートで、そのことについて次のようにいった。

わたしたちの暮らしはいつだってお先まっ暗。一家にかならず最低一人は麻薬で死んでしまった者がいる、といえると思う。悲痛な気持の消えることがない生活。十九か二十歳になるまで生きのびたら、わあ、大成功だ、と感じるのよ、わたしたちは。まわりにあまりにも多くの死があるから。毎年、誕生日がくると、「この歳まで、わたしは生きのびたのだ」と自分にいうのよ。

そのうえ、わたしたちの生活は完全に警察に包囲されてしまっている。わたしたちについての虚偽のイメジがでっち上げられて、そのイメジに基づいて、わたしたちは見張られている。わたしは路上で夫と議論しているだけで、逮捕されてしまうかもしれない。パトカーがきて、わたしに殴りかかり、逮捕する。その通りのことがアミリ・バラカ(作家リロイ・ジョーンズ)に起こった。白人の夫婦が街頭で口喧嘩したってそんなことにはならない。そんなことになるのは、わたしが黒人だから。黒人だから、警察官のこころの中では、黒人であるわたしは間違いなく暴力的なのだから、彼はわたしをとりおさえなければならない、ということになる。こういう状況がわからなければ、黒人の暴動もわからない。完全に包囲されてるから、もうこれしかない、という気持になることが。この間のフロリダの暴動だって……あそこのスラムはひどい。貧困も目をおおうようなもの。まるでかつての奴隷小屋のような……。荒涼として。職もなければ、人間らしい住居もなく、その上に警察の暴力は目をおおうばかり……。

ジェイン・コルテズは二人の少年の死について、二つの詩を書いた。

殺人一九七三年

彼が死んだのは
背中に
弾丸を射ちこまれたから
私服の
警官が射った
ニューヨークのクインズで
十歳のクリフォード・グローヴァーを
忘れるな

（詩集『スカリフィケイション』から）

弾丸の黒の上の赤を、わたしに与えよ
（クロード・リース・ジュニアのために）

クロード・リース・ジュニアの
いのちを返せ

頭に撃ち込まれた弾丸をくれ
それで　ベニンの町に銅像をつくる
それで　雷を炸裂させる
それで大たつまきを起こす
クロード・リース・ジュニアの十四年をくれ
九月の十五日に撃たれた
頭のうしろを撃たれた
警察官に撃たれた

黒人だから撃たれた
弾丸の赤の上の黒をくれ
それで大旋風を起こしたい
地震を起こすのだ
竹馬隊を組織するのだ
クロード・リース・ジュニアの黒さのために
黒さとは危険な武器と呼ばれる
執行妨害といわれ
くろんぼ《ニガー》の脅威と呼ばれる

クロード・リース・ジュニアの黒さのいのちをくれ
頭に撃ち込まれた弾丸をくれ
おびえた子を守るつえをつくる
戦士の仮面に使う
留め金や飾りびょうをつくる

クロード・リース・ジュニアのにおいと
煙と皮膚と
髪の毛のついた弾丸をくれ
わたしはちからをつくりたい
ちからをつくりたい
クロード・リース・ジュニアの黒さのために
はけ口のない欲求不満と呼ばれ
身元不明のニグロと呼ばれ
くろんぼの革命家と呼ばれる黒さのために

クロード・リース・ジュニアの黒さのいのちをくれ
頭に撃ち込まれた弾丸をくれ
それでおびえた子らを守るつえをつくる
それでベニンの町に銅像をつくる
それで雷を炸裂させる
それで大たつまきを起こす

クロード・リース・ジュニアの
血をとり戻すために弾丸がほしい
酬いたい
クロード・リース・ジュニアの黒さのために
酬いたい
クロード・リース・ジュニアの
黒さの血のついた弾丸を返せ
わたしは酬いたい
クロード・リース・ジュニアの黒さのために　わたしは酬いたい

（詩集『紙の上の口』から）

コルテズのこの二つの詩は、二人の少年の死をとむらうものだ。オービー夫人、マティ、そしてコルテズ。女たちのとむらいの日々。そしてとむらう者たちはもっとも鋭く生を見つめる者たちである。

塩食い共同体

もっとも戦慄すべき側面は、わたしたちがこの社会の主流文化の側に横すべりして移動した時に、ぽっかりと口を開けて待っている空隙を見ることだと思う。……わたしたちを養ってきたもの、わたしたちを生かし続けてきたものとの断絶こそが恐怖なのよ。

1　アトランタへ

作家のトニ・ケイド・バンバーラは、アンソロジー『黒人女性とは』*The Black Woman* を編集して出版した時(一九七〇年)には、まだトニ・ケイドだったが、一九七二年に最初の短篇集がランダム・ハウスから出た時には、すでにトニ・ケイド・バンバーラだった。バンバーラという名は、彼女が曽祖母のトランクを開けた際に発見した一冊のスケッチブックの中にあった署名からもらった名だ。

トニはいま四十歳だが、トニ・モリスンは彼女の作風を「威勢のいいところがあってね。こんな世の中に暮らして、なおも、屈服せず生きのびることのできることには、悦びがあるのだ、という感受性に基づいている」と語り、また「スピード感があって、巧妙だという感じを与えながら、同時に、これはひどく古典的なもの、熟成したものだという印象も与える」と評する。モリスンに『女たちの同時代　北米黒人女性作家選』(朝日新聞社)の編集のことで話を聞きに行った折りには、「バンバーラはわたしの妹格にあたる作家だと思う」といっていた。

彼女は作家としてすでにいくつもの瞠目すべき短篇集を出し、昨年(一九八〇)は『塩食う者たち』*The Salt Eaters*という長篇も発表した。表題の塩食う者たちとは、塩にたとえられるべき辛苦を経験する者たちのことであると同時に、塩を食べて傷を癒やす者たちでもある。蛇の毒は塩を食って中和する。「蛇の毒」は黒人を差別し抑圧する社会の毒である。小説の舞台になっているジョージア州クレイボーンという町には塩水性の沼沢があって、そこでは隠者が修行をしているし、傷を負った犬が傷を癒やすためにやってくる。ヴードゥーの言い伝えでは、塩を撒くと魔除けになる。このように、「塩」には重層的な意味が重ねられているが、塩を食らう者たちは生きのびること、再生することを願う者たちであるし、体内にあって多すぎても少なすぎても逆効果になる「塩」という基本的な生の要素を分かち合う者たちでもある。生存の根としての塩、その塩を食らう共同体。

バンバーラと話をしていて、もっとも強くこころを打たれるのは、黒人の共同体のたからものである彼らの文化の根に対する彼女の深い愛着としなやかな洞察力である。作品を読んで読者として感じる高揚感は、共同体の生命力を描く彼女の世界を、読むことを通して共有させてもらったことへの感動でもあるし、彼女の視線が矢のごとく光のごとく動くたくみさの中に、はっきりと集団的な想像力を、語る者としての彼女の出自のたしかさを見ることによるのだろう。バンバーラという作家の向こうには、ひとつの精神世界が立ち現れてくるのが見えるが、それは通常の批評言語では語れないだろうと感じさせる。「黒人社会の中で生起することをうたいあげるには、言語がないのよ。英語では、共同体の文化も体験も暮らしも、半分も語れないのよ」と彼女はいう。アメリカの中の第三世界集団がそれぞれにふさわしい言語を生み出さなければならないことを強く感じてきた彼女は、自分の作品についてもそのことを鋭く意識している。けれどもそれは言語を発明するという意味のことよりも、非言語的なものとしてある共同体の暮らしの核を見据えることでおのずと生まれてきたものだった。だから彼女の短篇の多くに見られるおかしみも、ゆめゆめユーモアなどという言葉で呼ぶまいと思うのだ。ユーモアとはなんと薄々とした言葉か。アイロニー感覚を基盤にしていない、もっとべつの、逆転の腕力を表すような言葉はないのか。

トニはニューヨークに生まれた。ニューヨークではハーレムとブルックリンのベッドフォード＝スタイヴサンで育った。一九五九年にクィーンズ・カレッジを出て、六三年にはニューヨーク・シティ・カレッジで修士号を取って、それから地域運動の組織者となり、ソシャルワーカーとしても働いた。後にラトガース大学で教えたが、ジョージア州アトランタへ移ってからはもう大学では教えていない。著作と「地域運動家」としての活動をしている。

南部へ初めての旅をして、そして初めて会った人物がトニだった。会いたい、と手紙を出したら、すぐ電話がかかって、会ってくれるといった。アトランタ空港から車で目茶苦茶に迷って、あちこち走りまわり、どこにいるのかもう皆目見当もつかなくなり、「ソウルフッド」という看板の出ていた食堂に入って、コーラを呑んで道をたずね、それからまたあちこち走りまわって、ようやく泊めてもらうことになっていたスペルマン・カレッジの校長先生の家に着いたら、その玄関先に校長先生の奥さんと、トニが立って、もう和子という日本人はどこかで野たれ死にでもしたかいな、と話し合っているところだった。トニはその手にバケツと箒とゴム手袋をさげていた。暑いアトランタの七月の夕ぐれ。

「パスカル」という店で夕食をして、それからトニの家へ行き、じっとりと暑い夜に、蚊にくわれ、妖猫にまといつかれ、話を聞いた。かつての夫が翌日訪ねてくるから窓ガラスを拭くのだといって、トニはアンモニア水とゴム手袋で奮闘しつつ、話をしてくれた。でも、それは午前〇時頃までで、汚れていた窓の向こうにぼんやりと立木の姿などが見えるようになると、窓拭きは終了したことになり、そのあとは二人して坐りこんでしまった。全然眠くならないトニといて、わたしは夜が更けるとともに憔悴し、帰り道では危うく車を電信柱にぶつけそうになったのだ。

トニに会えたことを、わたしはありがたいと思う。彼女は黒人共同体の経験や暮らしや創造性や伝統が英語で言語化しきれないものであることを強く意識している作家であると同時に、それでも書くとなれば、新しい言語を生み出すしかないという決意で仕事をしてきた。彼女の関心は自分が作家として成功するかどうかではなく、書くことはひとつには黒人共同体の豊饒と特異性をうたい、祝うことである。それと同時に未来に向かってヴィジョンを投げる魔術師でもありたいと思っている。トニを作家として眺めるだけでは不十分なのは、彼女のこれまでの組織者としての活動がトニというひとを生かしめているということによる。

だからその彼女がいまアトランタにいるのも偶然ではない。ブラックパワー運動は挫折した、キング師なきあと、黒人の運動は指導者もないまま衰えているとか、世間は勝手に総括してしまってもう誰も何もやっていないような印象を与え、あとは黒人の個人個人が中産階級にはいのぼろうとする、ずたずたになった闘いしかないようにいうのだが、それは嘘なのだ。混乱や遠回りがあるにしても、誰も彼もが諦めてしまったわけではない。その気になってたずねまわればすぐわかることだ。運動は地域運動として受け継がれ、根を下ろしているところなのだ。たとえばアトランタで会う地域運動の活動家たちの中にはかつては東部で運動に加わっていた人びとが多い。六〇年代以降、北と南の人びとが一つの箱の中で揺さぶられてきた経緯を、友人のユーニスは次のように語った。

……六〇年代にはあからさまな抑圧がある場所ではなく、むしろ微妙な抑圧のある場所、つまり北のゲットーで暴動が起こった。南部の黒人たちよりよい暮らしをしていたと思われていた人びとの暴動。彼らは北も南も同じだと気がついたわけ。しかも南部の黒人は職を得るにしても、資格がある場合が多かったし、彼らは心理的にもより頑強で、つらいことにも耐える力が強かった。それは彼らには、いってみればより多くの「ルーツ」があったからなのね。学校へ、というより、彼らは南部へ行って「私と黒人共同体」という関係を回復してみたかったの。現在では北と南の人びとが交わり、それが豊かな土壌を生み出しつつあると思う。

そのようなことは白人ジャーナリズムの記事を読んでいるだけでは決して明らかにならない。そして、たとえばアトランタなどに根を下ろしつつある地域運動のネットワークのことなども全然わからない。わたしはそのネットワークの核にいる女たちの何人かのことを、べつの章で語りたい、続くたたかいの証言として。日常化していくたたかいを支えている女たちの肖像を。それぞれの特異性や能力や方法は当然のことながら異なっているが、彼女らを一つに結ぶ焦点は、彼女らの語ってくれる言葉の中におのずから明らかにされることだろう。

トニがいまいるのはそのようなアトランタである。トニはそのネットワークを支えているひとりだし、トニを支えているのもまたそのようなネットワークだ。

トニは彼女の母ヘレン・ブレホンのことを愛と敬意をこめて語る。トニにヘレンに会いたいというと、それはいい考えだといい、すぐに電話で連絡してくれた。ヘレンが話し聞かせてくれたことも、章を改めて書いておきたいと思う。

2 文化の根

――ラトガース大学で教えていて、もう終身在職の契約もあったわけだけど、その安定した暮らしを棄ててしまったのね。

バンバーラ ラトガース大学へ行った目的を果たしたので辞めた。黒人学《ブラック・スタディーズ》のプログラムを作ることだった。アトランタへきたのは、しばらく静かにしていようと思ったからなのだけど、きてみたら、組織運動があまり盛んでないことに気がついたもんで、組織することを始めてしまった。政治活動、教育問題、芸術活動の方面で。手はじめにやったのは、土地のミュジシャンたち同士を引き合わせることだったのだけど、わたしはここへやってきたばかりの新参者だったのだから、変な話でしょ？ 作家たちを組織するのは難しくてね。ミュジシャンのように仕事場が目につかないから。エレベーターの中をのぞいて探すのよ、作家たちは……

――溝の中とか。

そう。でも最終的には「黒人アメリカ作家南部集団」を組織してね、これは地域奉仕団体なのだけれど、その組織をやっている途中で、「地区芸術センター」を創立してしまった。これは舞台芸術や文芸作家などの訓練センターみたいなもので、たがいに訓練し合う、誰かが能力をのばすのを手伝いながら自分ものびていくという仕掛け。そのうちに気がついたのは、選挙運動に熱心なような政治活動家と芸術家たちの間にはぽっかりと空間があって、完全に切れているということ、そこで彼らを繋げて。次に政治的意識の高い連中と心霊術の連中とが全然繋がっていないことに気がついてね。わたしは心霊術関係の人びとに多大な関心を寄せるようになったのだけど、この町自体が秘教的な感じだから、そういう連中を探し出すのは難しくないだろうと予想したの。それから、わたしは透視眼の人びとや、テレパシー能力のある人びとを組織し始めたのだけれど、これはまだまだ進んでいなくて。何千人も、ほんとに南部には何千人もそうした人たちがいるのだけれど、彼らは騒ぎたてたりしないで、たいがいは地下に潜っているし、そのうえひどく警戒心が強くてね。自分の能力を守ることにおいては油断を怠らず、弟子をとったら、その弟子には他へは修業に行かせないのが普通。わたしもある人の弟子だけれど。彼らはたがいに交流することには関心を抱かないし、たがいの力を怖れてもいるの。わたしは五カ年計画で、こういう連中を組織しようと思うの。どういう結果になるかな。『塩食う者たち』を書いたわけはそういうことだったし、それがわたしの仕事だとも思うのね。

いまでは、だいたいどういうところに行けば連中がいるかはわかるようになった。「新時代医学校」の心理学部とか、「新時代研究所」とか、「全体医療センター」などに身を隠しているのよ。それから治癒師の多くはマッサージの分野に出て行っている。フロリダのゲインズヴィルには「フロリダ・マッサージ療法学院」というのがあるのだけれど、わたしはそこで勉強したりしている。そこの人たちがわたしをいろいろな連中に繋げてくれるし。だから、どうやって組織化していったらいいか、その方法はわかっていると思う。祖母がよくいっていたように「生徒のこころの準備が整えば、おのずと教師が現れる」ということよね。それに実際、心霊術と科学の向上を目指す組織を作ろうとしている女性グループがあって、それが実現したら、わたしがそこへ三十名のメンバーを連れてくることになっている。いまはそういうことの機が熟しつつある時。

——あなたをそういう方向に衝き動かすものは何かしら。

たがいに異なる要素を、つまり種々の専門分野を一つにまとめ、共同分野に総合して行く力がわたしにはあるのよ。どうしてそうなのかはわからないけれど、見たところ関係のなさそうなものを結びつけることができるのね。それがわたしの仕事。そういうことをしないでは、この町で暮らしていくことはできないから、やってる。アトランタはだだっ広く拡がった町で、交通システムはものすごく反人間的、反共同体的。わたしの興味の対象は広く、さまざまなものから栄養を得ていなければ、わたしはもう地獄だから、息をし続けるためにも、こういうことをやっているわけ。

——ミルウォーキーで会った人びとは、寛容なたおやかな人びとだった。ニューヨークではもっと苛烈な女たちに会うことが多かったのね。それでもなお、ニューヨークで会った女性の一人ひとりがそれぞれアフリカ的なものとの繋がりを強く感じていることを語ってくれたのが印象的だった。トニ・モリスンは底深く大地に結びついている女たちの感性のことを語ってくれたりして。心霊術を会得している者たちを組織したりする時、あなたもそういうことを考えているのかしら？

わたしたちがこの狂気を生きのびることができたわけは、わたしたちにはアメリカ社会の主流的な欲求とは異なるべつの何かがあったからだと思う。アメリカ的な病ともいうべき物質主義と鬱病に、わたしたちはまだ一度も屈服したことはない。物はいくら所有したって足りない。貧困のどん底にあるような黒人たちのこころを占めたのは物への欲求ではなく、何かべつのことだった。多くの黒人にとって、それは名付けようもないもの。指さして示して、ほらこれだ、ということができないもの。人びとはそれを宗教的偏見だとか、フードゥーだとか、ヴードゥーだとか呼ぶわけだけれど、いずれにしろ、わたしたちにはある種べつの知性を理解する能力がある。わたしたちは異質な一群の回路のより近くにいるのだと思う。それを精神異常とか狂気とか呼ぶ人もいるのだけれど……。都会的に洗練されきった連中が心理的にも混乱してしまうと、南部のふるさとへ帰ってみたりするのね。いなかへ。それはどういうことかといえば、先祖たちに触れてもらうとか、店舗を借りてやっている教会へ行って説教をきくとか、おばあちゃんに会いに行くとか、そういうことでしょ。おばあちゃんはその手をそっと頭においてくれる。癒やしてくれる。「何かあったね。この間まではひどい様子をしてたけど、ずいぶん元気になったもの」。そうたずねると、そういう連中は「うん、まあな。南部へ行って、ちりめんキャベツやとうもろこしパンを食って、年寄りたちと話しただけさ」なんて答える。かなり執拗にきかないと、意味深い逸話をひき出すことはできないわけ。体験を語ることのできる言語が存在しないからなのね。

――英語はそのような体験に対して敵対的な言語なのかしら。

黒人社会で生起することがらの半分も英語では描写しうたいあげることができない。現在でも黒人共同体の暮らしには言葉で描写できないことが、定義する言語がないことが多い。社会科学の対象となるべき事象、現象なのにそれを定義できる、適切な用語が存在しないのね。そういう事象、現象は認識されない。偏見のある目には見えない。詩人でも表現しきれないようなこと。新しい言語が生み出される必要があるのよ。

トニ・モリスンはとても独特のやりかたでその問題に取り組んできた。怠惰な読者は誤解しやすい。なんとも驚くような批評をいくつも読んだ。人びとはもうフィクションを読むことができなくなっているみたいね。トニは彼女の興味を惹いている人物を危険に追いやる、すると、あの昔ながらの、神話的な声が聞こえてくるのだけれど、読者にはそれがわからない。トニは方法を見つけたと思う。『ターベイビー』ではほんとにそれが明らかになると思う。いままでは、彼女の作品を読むといらいらすることがあった。彼女の作品はわたしは大好きなのだけれど、彼女の表現のほうが彼女が見据えていることがらよりすぐれているといったらいいかしら……わたしはページを繰りながら、「ほら、そっち、そっちだってば！」って怒鳴るわけよ。彼女に何を眺めてもらいたいのかとたずねられれば、わたしは答えられないのだけれど、視野が中心をはずれているような気がしてならないの。核から五センチぐらいはずれているみたいな、電球の明るさが足りないみたいな。でも、彼女は方法を見出した作家ね、様式だけでなしに、ある「声」を、音調《ピッチ》を見出した。『ターベイビー』が出たら、わたしは一週間隠居して、電話も切って、蠟燭をつけて、果物と水をそばにおいて読むつもり。彼女はすごい。すごい女性よ。

文化的遺産のことに戻っていうなら、わたしたちはそれを棄て去ったことはいまだかつて一度もない。それはある異質の知性に変えられていっただけ。いくつかの共同体に見られるように「アメリカ人になる」努力というのは、大変な破壊を意味する。ずいぶん多くのことを諦めなければならないのだから。ヨーロッパからやってきた移民の二代目、三代目が黒人を理解できないのはそういうことよ。彼らはずいぶんと棄ててしまった。アメリカ帝国の伝統と引き替えに自らの民俗的伝統との結びつきを失ってしまった。

わたしはつい先だって「タスキーギ大学」へ行ったばかりなのだけど、土地の老人たちはジョージ・ワシントン・カーヴァーをヴードゥー師として記憶してるわけね、禿を治して毛髪を生やしてくれたとか、疣《いぼ》を治療してくれたとか。

いまでも死んだ人の目の上に一セント銅貨を置いたりするでしょう？　銅を置くというのは、エジプトの古い習慣だったのよね。人びとは「そういう理由でやるわけじゃないさ。うちのおばあさんがそうしろと教えてくれたのだが、その理由は云々……」というけれど、いずれにしたって、暮らしの中にはアフリカ的なものがきわめてあからさまな形で残っている。古い習俗が滅びずに生きのびている。なぜそのような習俗があるかという理由は、もう記憶されていない場合が多いにしてもね。

黒人のペンテコステ派教会の例を考えてみるといい。それはじつに黒人の民族主義の貯蔵所といえるの。連中はかつて一度も人種の隔離撤廃を叫んだことがない。いつだって黒人たちだけのものだった。白い手袋して、帽子にはシフォンの薔薇の造花をつけて、コルセットをつけているような最も厳粛なタイプ、堅苦しいタイプでも、一皮めくれば、内では大変に個人的な神とのやりとりが行なわれていることが明らかになるのね。礼拝の形式や方法もとても長い歴史を持ったもので。あなたたちはヴードゥーをやっているのですよ、といったりしたら、教会から放り出されたり、殴られたりするだろうけれど……病気の治療、うた、音楽……音楽の担う役割などから考えてみれば、間違いなくヴードゥーなのよ。ラジオの声に返答したり、ある言葉を口に出していってはいけないといったり。「そんなこというんじゃない」。つまり、そのようなことをこの宇宙に現出させてはいけない、と。ひどくヴードゥー的なわけね。

アトランタには教会がやたらにある。酒屋の数より教会の数の方が多いのは、わたしの知っている限りではここだけよ。わたしはゴスペルを聴くためにペンテコステ派教会に行ってみる。「新時代形而上学教会派」の教会で「真理光明指導センター」というのがあるのだけれど、そこなんかおかしいのよ。礼拝が始まる前に、牧師が「さあ皆さん立ってください。あなたの左側に立っている人の方を向いて、その背中をマッサージしてみてください。それから、前にいる人に接吻しなさい」なんていって、全体的にこう触り合ってばかりいる。すごくいいのよ。牧師たちは例外なく黒板を持ち出してくる。これから行なう説教について、大変興奮してるわけだから。聖歌隊もすごくおかしい。指導者の中には女性が多くて、たとえばバーバラ・キングという女性などはたえずからだから光を放っていてね。病気を治すこともできる。手から光が出るのよ。そのような能力を持った連中はかなりの数になるの。そういうことを行なって当たり前よね、もし人に奉仕《ミニスター》することができないのなら、牧師《ミニスター》ではないのだから。

現在女性の牧師は増えている。とりわけ「新時代」教会ではね。どうしてそうなのか、わたしはよくわからないのだけれども。「米国メソディスト教会連盟」が女性を牧師に任命しなかった時代にも、独立して自分の教会を開いた女たちはいた。男たちは女たちが募金運動をやり、男や子どもや鶏どもが生きのびるよう働くのは許したけれど、牧師になることは許さんといったわけね。指導権は渡さぬ、と。いまはそれも崩れつつあるわけだけど。わたしの祖母の世代では、牧師的能力を持った女たちは教師になったものだった。日曜学校で教えて。大胆な連中は自分の教会を創立したのね。現在ではもっと大っぴらにやるようになった。

――黒人の女たちはずっと教育者の役目を担ってきたみたいね。奴隷制の時代にも、女たちは白人に見つからぬよう秘密の「深夜学校」を開いて教えていたと。

アフリカ大陸で今でも残っている教育における男と女の役割分担を見ると不思議な気がする。奴隷の時代の分担と同じなのね。男は地理、天、政治について教育し、女たちは成育に関連することすべてを教えた……野菜のこと、花のこと、大地のこと、そして読み書き。でも、そのことをどういう風に捉えるべきか、まだよくわからない。一度はアフリカ大陸における分担ということで考えてみたのね、つまり男は金属に関することを教え、女は有機体いっさいに関して教えたのだとか……。

ニューオリンズではまだそういうことが残っている。共同体はいまだに男たちの手で運営されている。女たちはばらばらで、目につくような集団はない。男たちは青少年学校みたいなことをやっている。若い男の子たちを徒弟制度で訓練する。確実に将来にそなえて訓練してる。謝肉祭会《マルディグラ》は男性の秘密結社にあたるものではないかと思うの。女たちは隅の方に引っ込んでいて、関係を持たないようなのだけれど、それは奇妙なのよ。だってニューオリンズはかつては女たちが動かしていた町だったのに。ヴードゥーが盛んで。とりわけ女のヴードゥー師たちはすごい力を持っていて。

――あなたがアトランタへ移ってきたのも、文化の根の近くにいたいということだったのかしら。二年になるのでしょう？

そう。この間ニューヨークへ行ってみて、その汚さ、悪臭には唖然とするばかりだった。三番街とコロンバス街もすっかり変わってしまって。まだ歩きまわることはできる町だけど……アトランタは午後十時にはもう町は完全に死んだよう。もっとも、わたしの住んでいるここはちょっと違うけど。街路文化がまだある。角へ行ってみれば、即席のニュース解説が聞ける……。そうね、ニューヨークは懐かしい。あの町の情熱が懐かしい。ここの人たちは愛想はいいけれど、あなたがさっきいってたように、礼儀正しいというのは時としておっかないものだから。いまでもアトランタは、プランテーションの経営者がひどく人種差別的な言葉を発しても、人びとは喝采するのが礼儀だと考えるような所なのよ。白い手袋を脱ぎすてて、そういう発言をするやつを殴るよりも、じっと礼儀正しさを守り通す人たち。

以前なら、アトランタへきたのは、「空港が便利だから」とか「母がいるから」だとかいったけれど、わたしはわたし自身の学習を完了するためにここへきたのだということがいまになってわかってきたの。ここでは人びとに出会える。多くの年寄りたちがいて、彼らに容易に会うことができる。その点が気に入ってる。ニューヨークでは知り合いの老人たちとしか接触できない。年寄りたちがいない所では、わたしは暮らせない。彼らが身近にいない生活はいやなのね。

自然、というものを考えてみても、わたしたちの関係はアメリカ社会の主流のそれとは違う。トニ・モリスンは「都市生活における村落生活の価値」という学会で、黒人にとっての森林や原野の意味が特異なものであることを語った。西欧的な自然観と混乱してはならないと。原野文学とでもいうべき範疇で名をあげたレズリー・フィールダーのような作家たちの同席した会議でね。

ニューヨークの町では、現在でも同郷人として訪ねることのできるいわば包領が存在している。火事で焼け出されたら、そういう所へ行くのよ。アパートの窓に花箱を取りつけて、大地を忘れないでいる人たち。なんだってまあ庭のことばかり気にしてるのか、と思うのよね。大地との繫がりを失わないためなの。

――そういうことは今後も衰えずに続いていくと思う？

何かが崩壊しつつあると、わたしは感じている。子どもを持たない、なんてわたしには考えられないことだけれど、わたしたちの歴史が始まって以来初めて、「子どもは持たないつもりだ」という人たちが出ている。これはわたしにはひどい衝撃なの。何かの兆候だと思う。以前では到底考えられなかったことなのに、この頃は老人を養老院に入れてしまう人びとも増えている。たしかに何かが崩れかけている証拠よ。人びとが記憶を失いたがっているみたいな。……土地をどんどん手放す傾向も見えるし。

――トニ・モリスンは記憶する能力を失いつつあるから、再び記憶を取り戻すために書くのだと話してくれたけれど、あなたもそういう風に感じるの？

過去からの声と英知がトニを衝き動かしていることは確かだし、わたしもそういう気持だけれど、わたしの場合はそれに加えてもう一つべつのことがある。それは未来へのヴィジョンなのだけど、それを書くことに強くこころを惹かれるの。

それでもなお、記憶することは重要だと思う。とりわけこのサイバネティックスの時代には。十歳になるわたしの娘は「かあさんやおばあちゃんの記憶は本やテレビから知ることができるのだから、あたしの世代がいろいろ記憶しておく必要はないじゃないの」というのよ。

過去がおもにトニ・モリスンの世界で、わたしはその世界をそれと認識することができる。けれども若い作家たちにはそれがなくなってきた。おばあさんたちの台所が追放されてこのかた、彼女らはその世界に触れることができなくなったのだから。シャンゲの作品を読むと、ある一点で踊っている人物を見る気がする。眺めている対象が違っている。「わたしたち」について語っていないものを見るというのは、わたしにとってはかつてない体験なわけ。伝達の媒介者でない、ということは、かつてなかったことだから。そういう意味からは、伝統からははずれたものなのだけれど、でもそれにもかかわらずわたしは高く評価する。ただ、わたしのような作家は、「わたし」以外のあれこれを引きずっている。女たちはいつもぴたりとわたしの傍を離れない……。

いまもなお過去形を使って書いていることに、わたしは当惑するのね。べつの何かがほしいのだけれど、英語の時制では、どうやったらよいか見つからない。「直接過去」や「習慣的未来」という時制があれば……いろいろ実験はしてみるのだけれど。

そう、やっぱりそう。わたしは何ものかによって書かされている、ということに気づいている。何か書いたら、年寄りに読んでもらうの。読んでみた彼らが「いいよ」と頷かなければ、棄ててしまう。

――それは女に特有の能力だと考える？

どうなのかしら。そのことについてわたしはずいぶん考えてみるし、ひとにもたずねてみるの。女たちにたずねると、もうそのことは長いこと考え続けてきたといわんばかりに、素早く答が返ってくる。男たちにたずねると、答が返ってくるのにはひどく長い時間がかかる。彼らはためらう。何と答えてよいかわからない、という場合も多い。わたしのたずねていることの意味が理解できる男性作家はボールドウィンただ一人よ。彼はためらわずに答える。他の連中は問の意味を直感しても、答えることを躊躇する。

でもね、女か男かということにかかわらず、じつは「媒介」というのは伝統でもある。ビリー・ホリデーは彼女のストーリーの主人公について語ったものだった。彼女は女主人公をつくりだして、ある客観的な態度で語ったものだった。「わたしが……」とうたうかわりに、「彼女が……」とうたって。そして男のブルーズシンガーもやはりその伝統でうたってきた。わたしは創造者ではない、わたしは代弁者なのだ……共同体が問題なのであって……「芸術家」個人が重要だという、ナルシスティックな観点とは異なるもの……。

「あんたはなぜ、人びとが耳にしたくもないと思うような連中、オルガナイザーだとか地域運動活動家だとか、調子の狂ったような連中、いざこざを起こすような連中ばかり舞台の中央に連れ出してきて、あんたのフィクションの才能を台なしにするのかね」といわれる。でも逆なのよね。わたしは自分で読んでみたいと思うような話を書きたい。読んでみたいと思うような人びとの話を……地区自主学校の教師のことだとか、オルガナイザーたちの長い伝統から生まれてきた人びとのことだとか。それ以外のことを書くなんて考えられないじゃないの。どうしてべつのことを書かなくちゃいけないのよ？

——誰のために書くか、という……

そうよ。

六〇年代にね、フィクションに新しい範疇を、とわたしたちが要求し始めた頃にも、つまりステロタイプを棄て、小説の中で人びとを解放してやるのだと主張し始めた頃にも、わたしの成長を助けてくれた多くの男や女がいたわけよね。男たち、彼らは誰だったのか。ステロタイプは善玉の黒人の男、悪玉の博奕打ちだとか……。ところがこれらのタイプ以外にも、じつに多くのタイプの男たちがいたわけでしょ。たとえば飴屋をやっていたおじさん。彼はわたしたちに「ソックスを上げて、ちゃんとはけよ」とか「宿題を見せてみな」とかいったものよ。女たちはといえば、文学に現れるのは娼婦か母親のどちらかにきまっていたけど、現実にはもっとさまざまなタイプの女たちがいた。初潮を見たら、かあさんのところへなんか行かない、おばあちゃんのところへ行く。ちょっとした秘密を抱えてしまったら美容師のところへ行った。美容院へ行って坐ってる。そして女たちの会話を盗み聴く。もちろん女たちがあれこれ喋っているのは、あなたがそこにいるから。あなたを教育しようっていうことよ。男たちのことを話してる、どのような基準で男たちを判断したらよいのかとかね……。わたしはそういうことを書きたい。誰も書かないから。

美容師たち。彼女らこそは文化の英雄だった。そういえば「黒人美容師連盟」から手紙をもらったことがあってね。昨春のことだけど、連盟はワシントンに百八十億ドルのビルを買って、何か大変な催し物をやろうってことで、わたしにも手紙をくれた。「いらしてください」と書いてあるのだけれど、何をしにこいというのか一向にわからない。わたしは仕事するのには馴れてるから、「わたしに仕事をさせたらどうなの？　あなたたちのことを題材にして、映画の台本を書くなんてのはどうかしら？」

と答えたわけ。連盟から手紙が着いた時には泣いてしまった。「あなたが美容師を描くそのやりかたが気に入ってます」と書いてあった。わたしは一度も美容師の話を書いたことはありませんよ、といったら、いやいや美容師たちの姿はあなたの書くものの中のあちらこちらに見え隠れしてるんですよ、という。こういう人たちがわたしたちがおとなになるのを助けてくれたのよね。

そう、お使いに行っといでといって、「母の日」のためにお金をくれて。「母の日」が近づいていて、お金が必要だというのに、あなたはからっけつだと、彼女らは見てとる。電球を買いに行ってきてよとかいって使いにやって、それを口実にお金をくれた。

ベストセラーになるような本を書け、っていわれる。そんなこと、どうやってやるのかしらね。

そういう意味では、過去の記憶ばかりではないの。こういう現代の女たちのことも語られなければならない。

で、「黒人美容師連盟」のことだけど、「美容師の話で映画の台本を誰かに書かせてみることを考えてみない？　美容師たちは黒人社会の文化の英雄であることに気がついているかしら。いつもお金のあった人たちといったらあなたたちだけなのだし。経済情勢がどうであろうと、頼りにできる二通りの人たちがいたものだった。人びとの口に食べ物が入るようにね。それはあなたたちと、魚の夕食を作っていたミス・メアリたちだった。基本的には、ミス・メアリたちは美容院に支えられて、食えない連中に夕食を食べさせていたといえるのだしね。幾日も幾日も」といってみたのよ。

美容院の女たちは家へも出張してきてくれた。舞踏会へ行くための身ごしらえを手伝ってくれて、いろいろ意見をいってくれてね。「そんな髪形じゃだめよ。こういう風にしなさい」、母親たちは娘たちに何かいいたい時は、美容師に代わっていってもらったものだった。美容師たちならいつも正しい意見をいったから。娘が髪を脱色したいなどといい出したら、美容院へ連れて行く。美容師が「なにいってるのよ、脱色なんてしないほうがいいわよ」といってくれることはわかっていたから。彼女たちの役割はほんとに重要だった。

――黒人共同体の暮らしについて考える時に、抑圧と偏見という二点だけからしか見ないとしたら、そういうことは浮かび上がってこないわけね。抑圧と偏見を取り除けば、もう何もなくなって、黒人という集団は消え、残るのは黒い皮膚だけだと……。

(笑って)そうなのよね! 社会科学者は文化のあらゆる側面は苦闘によって方向づけられているというわけね。それはそれでいい。けれども、そこから一歩進めて「黒人のアメリカにおける文化のあらゆる側面は抑圧に対する闘いを表している」というわけね。それもそれでいいのだけれど、どうもこの辺りから怪しくなってくる。つまり、そこまで進めてきて、こんどは抑圧が唯一の現実である、と結論してしまうわけだから。抑圧は現実の一部でしかないのに。あるところでは「抑圧は現実の一部でしかない」なんて発言しようものなら、異端として、偏向として非難される。「なんだと! 抑圧が究極的現実ではないと?」と怒鳴られる。

――抑圧ということで考えるわけだけれど、あなたにとってアメリカ流の人種偏見、人種差別というのは、どういう特質を持っていると思う?

欺瞞的なものなのね。特殊なタイプの人種差別主義だけれど、他国へそれを輸出することにも成功してきてる。よその国からやってくる人びとはこの社会が黒人から奪い取ってきたものを見て戦慄するし、黒人の無力に衝撃を受ける。でも、もっとも戦慄すべき側面は、わたしたちがこの社会の主流文化の側に横すべりして移動した時に、ぽっかりと口を開けて待っている空隙を見ることだと思う。わたしたちの命を支えてきたもの、つまりそれが文化だけれど、それとの断絶を見るほど恐ろしいことはない。貧しい住宅、不充分な医療……そんなものより恐ろしい。わたしたちを養ってきたもの、わたしたちを生かし続けてきたものとの断絶こそが恐怖なのよ。

わたしたちはどのようにしたら、たがいにさまざまな瞞着からたがいを救出することができるのか。

これはわたしにとっての挑戦なのね。誕生日がめぐってくるたびに、それは勝利のしるしになる。もう一年生きのびたということだけが重要なのではなくて、黒人の皆がわたしをもう一年生かしてくれたというような感じなの。個人的な意味だけではない、ということ。

でも、わたしは楽観してる。さまざまな制度も公共機関もじつにひどいことをやっていると思うけれど、希望はある。人びとをまどわせるために、多大の金とエネルギーが注ぎ込まれてはいるけれど、たとえば、キューバに比べたら、ここのほうがそれでも人種問題については明らかにされてきたことがずっと多い。わたしはキューバに敬意を抱く者だけれど、キューバはまだ人種差別などについては問題として取り組んだことすらないのだから。

それともう一つ。この国の人びとをかたわにしているのは、彼らがこの問題について黒人と白人という枠組みでしか考えないということなのね。メキシコ系アメリカ人、プエルトリカン、アジア系の人びと、その他についてはどう考えていいか見当もつかない。

西海岸ではね、とりわけ北西部では、アジア系の人びとが二つのスタイルしか使わないことに気がつくのよ。一つは白人型、もう一つは黒人型。アジア系の人びとは自らの声をそういう型の中で表現するようなの。政治運動家の日本人が黒人みたいに喋る。スタイルを借りるわけ。まだ自らのスタイルを見出していない。フランク・チンだって、「黄色のラップ・ブラウン」なんて呼ばれてる。フランク自身の声だと、わたしは信じられないのよ。ローソン・イナダは例外なのかもしれないけれどね。

アジア系アメリカ人の文学に関する公開の討論会に二つほど参加したのだけれど、その時わたしは言語の問題をうるさく提起したの。年寄りたちや親たちと、民族研究などの新しい基盤を持って成長してきた若い世代との間のギャップを埋めるためには、ある種の合成言語、あるいは折衷言語が必要になるのではないかと。ついに誰からも満足できる答が得られなかった。言語を発見したと思われる作家はフィリッピン系のアルフレッド・ロブレスだけじゃないのかしら。彼の文体はチャーリー・チャンのそれのようでもないし、彼のおばあさんが喋るそれでもない。彼はたいへんなものだと思う。メキシコ系の人たちは新しい言語を生み出した。スパングリッシュ、といったらいいようなもの。

――マキシーン・ホン・キングストンの言語はどういう風に見るのかしら。

彼女は誰にもできなかったことを成しとげたと思う。世代間の間隙を埋めることができたと思う。フランク・チンは親たちの世代を怒らせる。傷つける。地図から消し去るのよ！　マキシーンは物語る声を見つけたと思う。彼女の見つけた方法はまだ評価されていない。ある種、間接的な方法というか。こころやさしい様式。とても繊細で。

――あなたのおかあさんのことを。

わたしの母は公務員だった。公務員になる前には、女中をやっていたの。十一歳で孤児になったから。アトランタとニューヨークで女中をしながら働いて、独力で学校へ行ったのね。母の世代にとっては、公務員になるということは生活の保証を得るということを意味したし、その頃黒人が公務員としてようやく職を得られるようになってきた。わたしは二番目にして末っ子なのだけれど、わたしが生まれた時、母は三十代だった。それまでに彼女はすでにいろいろなことをやってきたのよ。幼稚園を始めたり、移動図書館を組織したり。人びとを組織する才能がきわめて豊かなのね。誰からも「かあさん《ママ》」と呼ばれる。彼女はアトランタで生まれてね、母方の家族は農作をやっていた人びとだったけれど、のちに彼らは教師、科学者、音楽家になった。まだ生き残っている親戚はおおかたアトランタに住んでいる。母は終始黒人であることの意味を強く意識してきたひとなの。

　母はわたしと兄を独特の方法で育ててくれてね。わたしたちをあちこちへ連れて行って。内気で口数も少なく引っ込み思案のところがあったけれど、わたしの学校ではチャンピオンだった。わずかでも人種偏見を意味するような発言があったら、あるきまった服をきて、学校へきたものよ。そういう機会に着る服がちゃんときまっていて、すごくはっきりとものをいってね。学校でこんな発言を耳にしたのよ、とわたしが何気なく伝えると、ある日突然学校に現れて。トニのかあさんがきたぞ、というのは大事件でね、生徒が学生ホールに集まって。黒人に対する侮蔑的な言辞が発せられるたびに、母は龍を退治する英雄のようだった。とてもおっかなくて。

母は子どもたちを勇気のある者に育てようとしたのね。わたしたちは貧しくはなかった。わたしは子どもの頃、「あたしたちは貧乏だね」と母にいったものだけれど、母はいつも「わたしたちは貧乏人ではないのよ。ただ文無しだっていうだけよ」といったもの。つまり、わたしたちの抱負は大きく、けだかいのだと。画廊や美術館や洒落たレストランへ連れて行ってくれたのは、わたしたちがおじけたりすることがないようにというためだった。わたしたち兄妹はずいぶん小さい頃に、フランス料理のメニューも読めるようになって。家具調度もなく、お金もなかったけれど、そんなものはうんとあるという態度で振舞っていた。ずいぶん引っ越しもして。母はなぜそれほど頻繁に引っ越したのか、いまとなっては、その動機が思い出せないというのだけれど、わたしとしては、たびたび引っ越しをすることによって、いろいろな価値基準がじつに恣意的なものであることを学ぶ結果になった。ある所では、わたしたちは貧乏だと考えられ、ある所では金持ちだといわれ、ある所では利発な子どもだといわれ、ある所では愚鈍だといわれ、膚《はだ》がひどく黒いといわれるかと思えば、ずいぶん薄い膚の色をしているとかいわれてね。やがてわたしは判断の基準は自分の内面のそれでなければならないと考えるようになった。独立独行であるために。兄はそのことでしばらく途方に暮れていたけれど。

のちに、わたしたちが大きくなってからは、こんどはわたしたちが母をあちこち連れて行くようになった。

先にいった場所の他に、母が連れて行ってくれた場所は三つあった。一つはハーレムの「アポロ劇場」で黒人の言語芸術の水準の高さを学んだのよ。一九四〇年代のことだけど、あそこではほんとにかけがえのないことを学んだ。二つ目は百二十五丁目とレノックス街の角で、そこでは労働組合運動家や、アフリカニストや、ムスリムだとか、さまざまな連中が演説をしていて、わたしはあの街角で人種とは、階級とは、性とは何かについての分析を学んだ。そこで世界がどんなところなのかはっきり見えてきた。三つ目は三番街の本屋で、J・A・ロジャースがそこで書店を開き、仕事もしていた。彼は独学の歴史家だった。

母は黒人の向上に対して貢献することがどれほど重要かを教えようとした。ロジャースという名がたえず口にされて。わたしたちの家には家具はなかったけれど、母は子どもたちに本棚を作ってくれて……あたしたちにも手伝わせてね……ずいぶん突飛なことをするひとだわい、とわたしは思ったけれど、そういう風なことを通して、書物の世界になじませようとしていたのね。

わたしがものを書くことに関心を持つようになったのは、明らかにそういう母の影響でしょう。母はコロンビア大学でジャーナリズムを勉強して、とてもジャーナリストになりたかったのだけれど、当時は黒人が、しかも女がそう思うなんて、変わったことだと思われて。それでも母はしばらくは『ヘラルド・トリビューン』で働いてね。現在にいたるまで、母は書くことをやめてしまったことはないのよ。

兄が画家になったり歌手になったりすることを支持したのも母だった。母はわたしたちに敢えて何かをしてもいいのだよ、危険を冒してでも行動しなさい、そして移動くことが大切だと、許可したのね。それにははっきりとした理由があると思う——彼女自身は機動性のある生活ができないと感じていたからだと思うのよ。

母はピアノもオルガンも独習で弾くようになったのだけれど、いつも聖歌隊の伴奏をしていた。引っ越しするたびに、わたしは近所の子どもの一団《ギャング》がどうなっているのか、仲間に入るかどうかを調べに出かけ、兄は蟻や蜘蛛を探しに出かけ、母は公民館へ出かけて行ったものだった。子どものためのプログラムが何かあるのか、ないのかを調べに。ないとわかった場合は、彼女がプログラムを始めて。自分で水泳もおぼえてしまった。

よその家へ行ってはいけません、といわれていたけれど、もちろんわたしは行った。よその家とわたしの家の違いで気がついたのは、子どもの私的な空間、子どものプライバシーをおとなが尊重していない、ということだった。これはわたしの家では見られないことだったからなのね。よそでは子どもがぼうっと何かを見つめているような時は、何もしていないのだという前提なの。だから使いに行ってこい、とか、そこらを箒で掃けとかいうことになる。けれどもわたしの母はわたしが白昼夢を見ることについては、たいへん尊重してくれてね。いまでもはっきりと記憶しているの。子どもの時、台所の床に坐って、何かごちゃごちゃ書いていたのだけれど、母は家の掃除をしていてね。モップとバケツをさげて母が台所へ入ってきたのだけれど、わたしはそれに気がつかなかった。そこをどきなさいとか、台所から出て行ってくれ、とわたしにいうかわりに、母はわたしの坐っている場所のぐるりを雑巾がけしただけで行ってしまった。わたしはそれを忘れることができないのよ。だってぼんやり白昼夢を見ることは、ひどくよくないこととされていたのですものね。この国では白昼夢を見てぼんやりするためには、たしかに特別に許可を受けなければいけないのだから。

母はね、年配になってから、彼女に当然ふさわしいものを手に入れたのだと思う。

母だけでなく、年配の女たちにはよくあることなの。彼女たちは子どもから年頃になって、すぐ母親になった。子どもが何といっても一番の関心事で、夫はといえば家事雑用や労働や仕事とともに十五番目か十六番目くらいなのね。夫が死ぬか、あるいは離婚して、子どもらが離れて行って初めて、彼女たちは自らの真価を発揮するのね。母の世代だと、六十五歳になるまではそうならない。その頃になって、突然猛烈な憤りを感じるか、途方もない可能性に目覚めるか、そのどちらかなの。

わたしの母の場合は、一九七二年に退職するまでは、ユーモアの感覚や自由の感覚を持てることがあまりなかったと思う。それが六十五歳になったかと思うと、ぴったりした服を着たり、洒落た髪型にしてみたり、ヨーロッパへ飛んで行ったりして。退職した時に、兄とわたしは「さあわたしたちはもうちゃんと金も入るようになったのだから、好きなことをしていいからね」といったわけ。母はまた学校へ行きたい、という。そうか、コロンビア大学へ戻って、修士号でも取ろうということかな、と想像していたら、とんでもない、学校へ行って日本の生け花を習いたい、中国の墨絵を習いたい、自動車修理を習いたい、ベリーダンスをやってみたいというわけね。いまではほんとに思い通りにやっていて。母の世代の女たちは最良の衝動を持っていると思うのね。他の世代だと、憤りばかり感じて、じっとしているうちに衰弱してしまう傾向がある。一九七〇年、アンソロジーの『黒人女性とは』を出版した当時、わたしはずいぶんワークショップをやったのだけれど、年配の女性はアンソロジーを出してくれたのは嬉しいけれど、怒りが十分に表現されていないともいったのね。若いものばかりでなく、年配の女たちにも書かせるべきだったと。彼女たちは「気高さ」について一番怒っているのね。彼女たちはいつだって気高くあるものとされていたから……いつもいつも何かの世話をし、何かの発育を助けて……子どもらの世話、教会の世話、何もかもの責任を負って……自らを生活の計画表の上にのせる時間も空間も持たずにやってきた。そして六十五歳になると、「あんたは一体何をしたいのかね」という基本的な問をつきつけられる。そんな問に答えることができるものですか。ワークショップでの発言はただ不平不満ばかりというわけじゃなかった。ようやく自分の時間ができたけれど、自分が何をしたいかもうわからない、ということが出されてきた。

　わたしたちが母がしてくれたことに対してありがたく思っていると繰り返しいっても、母は自分は家族というものを持たずに育った者だったから、母親としてはどこか欠陥があったに違いないと感じているのね。ほんとにすばらしいものを与えてくれたのにね。たとえば、ピンクとブルーという区別は母の家ではなかった。これは男のすること、これは女のすることという区分は。できることなら、なんでもするようになっていた。兄もわたしも料理して、掃除して、アイロンをかけて大きくなった。兄はそのことではすごく感謝してる。兄の女友だちは母に文句をいうのね、「あんたの息子は何でもできるんですね。わたしが入る隙間がないじゃないですか」と。母はわたしたちの意志を支持して、応援してくれた。干渉はしなかった。娘に対して批判的な母親が多いのだから、わたしは恵まれていた。

——母と娘が支えあうというのは、とりわけ黒人の社会に見られる傾向という風に考える？

白人の女性の場合には、母親を嫌ったり、憎んだり、あるいは信用しないというケースに出合うことが多い。けれども同時に彼女たちは彼女らの母親のようになりなさいと教えられている、いや母親をしのげとまで。ひどいジレンマに陥ることになるわけね。両極にあることをどう統合したらよいかわからない。彼女たちが母親についてこういうことが嫌だという項目の一覧表はとても長いけど、では好きだと思うことについてはとなると、項目はひどく少ない。そしてその少ない項目の内容が興味深いと思うのね。料理の才能がすばらしいとか、教師としてすばらしいとか。黒人の女たちの場合はいつも、「誰々たちのために母は料理をしたから」とか、「子どもらを教育したから」とか、「母は老人に対して思いやりがあったから」とかいう風に答える。説明のしかたがちがう。

批判する場合は両者は似たようなことをいう。白人は「母はちょっと粗暴なところがあって、あまりやさしくなかった」とか「母はよそよそしかった」とか。黒人の女性は「母はべたべたしたことを許さない事務的な感じのところがあったのだが、わたしはなぜそうだったかわかる。勘定書の支払い、食事の支度……人生の一刻一刻が、いかにしたら次の瞬間まで生きのびることができるかという試練だった。家族を生きのびさせるために。だから母の気持は理解できる」という風にいう。「母はあまりやさしくしてくれなかった」というのは黒人の女性の発言に多い。トニ・モリスンの『鳥を連れてきた女』で、娘のハナと母親のエヴァが話している……「かあさん、あたしたちを愛していた？　あたしたちと遊んでくれたの？」「遊ぶ？　一八九五年に遊んだかって？　一八九五年には遊んでる者なんかいなかったよ。困難な年だった。あたしはお前のために生きのびたんだ」。これはほんとに典型的なやりとりなのよ。これには現実がこだましている。

理想像は誰か、と女たちにたずねてみる。黒人の女たちは「かあさん」という。彼女らは母親に対して不満はあるかもしれないけれど、同時に理解もしている。そしていつも理想の人物は母親なのね。なぜか、と問う。「母は強かったから」、「母はやりくりが上手だった」、「わたしたちを棄ててしまうことだってできたのに、そうしないで育ててくれた。そして地獄のような苦しい目に遭った」と。白人の女性は理想の人物はと問われて、一般的に映画俳優とか、とっくに死んでしまった昔の人物などを引っ張り出してくる。あるいは現実の人物でなく、虚構の人物。女性運動に関係しているような現代的な女たちなら、「ある友人」とか、「ある教師」とかいうけれど、けっして「わたしの母」とはいわない。母親に対してはすさまじく相反する感情を抱いていることが多いし、時には憎しみを抱いていることもある。そのような感情が愛情で和らげられない場合は、極度の哀れみを感じることで、なんとか心の平静を保つのね。同情ですらないわけ。母親はわたしを欺した、という憤怒があるのね。

もう一つの著しい相違は、母親が年頃になった娘の性にどのように対応するかということに見られると思う。労働階級の黒人の場合、葛藤がひどくなると、娘は子どもを産む。すると、その子をいつくしみ育てるのはいつも母親なのね。葛藤がそれほどひどくない場合は、娘はまず母親のもとを離れ、それから新たな関係を結ぶために戻ってくる。黒人女性の多くは家庭の中に戦争が起こることを許さない。離れて行くか、服従するか、二つに一つ。白人の女たちの場合、娘が年頃になると、自分の支配を守りとおすためにやることってのが、あまりにも異様で、わたしにはどう解釈していいかわからないのよ。整形手術を受けさせて、より価値の高い「商品」に仕立てあげたり、完全に関係を断ってしまったり、あるいはひどく手軽な休戦協定が結ばれたり。黒人の場合は、たがいに理解し合い支え合おうとするのだけれど、他のグループにはそういうパターンは見当たらないの。

――どうしてだと思う？

アフリカ大陸文化の特質は女がそれを充電している文化だということ。「母」という観念はアフリカが西欧の知識人に与えたものであっただろうと、わたしは確信しているの。同様にアメリカの黒人の女性の黒人共同体における役割も、他に比べてずっと明確なのよ。

アメリカへやってきた清教徒の例を考えてみるといい。彼らはニューヨークへきて、イロクォイ族に会って、彼らのそれにならって、政治組織を作っていった。市長を持つ、とか、いろいろね。何もかも模倣したけれど、一つだけ真似しないことがあった。

それは女と女たちの知識だった。ヨーロッパ人は女性に対して全く敬意を持っていなかったから、その点だけは受け入れることができなかった。そのことが、彼らの観念の世界では、女性については空白になっていたのではないかという想像の手がかりを与えてくれる。現在女性に関する概念が空白になっているというだけではなく、過去にもやはり存在しなかった。アトランティスまで遡ってみても、女性に関する概念がない。フェミニストの学者たちによる文化人類学の研究を読んでみると、女性を尊重することに近似したことが見られる社会は男女両性具有者のそれなのよ。そこでは全員一様に扱われるわけだから。父権制社会になった以後は、女性崇拝あるいは女性尊重に近い現象が見られるのはそこだけなの。何かが決定的に欠けている。アフリカでは、エジプト以前にも、女たちは司祭であり、歌手であったという証拠が挙がっている。

――そのことと関連して、アメリカのフェミニズム運動については？

運動として、つまり精神を動かすものとして、わたしにとっては価値がある。ただちに黒人の女たちの問題に応えられるものでないにしても、価値はある。『性の政治学』が出版された時、黒人の女たちは、「えっ？　あんたたちベッドの中でうまくいかないことでもあるの？」といったものだったけど、それは彼女らが白人の女性の無力をよく理解していなかったから、そんなことをいったのよ。女であることの完膚なきまでの破壊ということを……。わたしはいろいろな集会に出てきたけれど、そういう場で白人の女たちが白人の男たちの攻撃で目茶苦茶に侮辱されるのを目撃してきた。「演壇から下りてこいよ！　おまんこしてやるからさ！」とか。わたしは自問した。アンジェラ・デイヴィスにもこんなことが起こりうるだろうか？　いや、アンジェラの発言が身分不相応だと考える者は黒人の社会にはいないのよ。ビリー・ホリデー。男たちがそれぞれどういう動機で彼女の歌を聴きにやってきたにしろ、ビリー・ホリデーが『奇妙な果実』をうたった時に、そんな歌は彼女に不相応だと考えた男はいなかったと思う。

二つの文化の間にはとてつもない差違がある。だから何が重要な、先決の問題かという点で相違が生まれてくる。「なんだって？　男と女に平等の権利をですって？あのひとたち、気でも違ったの？」というような反応を耳にしたのを記憶してる。それでも運動に注ぎこまれた最善の努力はあらゆる人間に影響を与えている。わたしは運動の目標としていることの大部分はひどくブルジョワ的なフェミニストのそれだと思う。いわゆる「社会主義派」だってそうだと思う。連中は資本主義でもけっこう快適なのよね。平等の権利という時にも、彼女たちは彼女たちのことだけをいっている。人種差別主義や、皮膚の色による特権という問題と取り組もうともしないものね。

——例のメキシコの大会が惨憺たる結果になったのは、そういうことからだったのだし。

現状にかなり満足しているのだから。ただ平等の権利をよこせ、というだけのことで。彼女たちは国粋主義的な目的に利用されうる領域のことは投げ棄ててしまった。彼女たちは階級と人種の問題を無視している。だから白人の労働階級の女たち、主婦たちは国粋主義的な運動に群がることになるわね。「もっとくれ、もっとくれ」といって。そういうこととは、わたしあまり根気よくつき合えなくて……。

——ケイト・ミレットの『性の政治学』がわたしにとってあまりおもしろくなかったのは、あの本にもう少し違った意義を持たせることができたかもしれない言語を、彼女は生み出さなかったからだと思うのだけれど。言語はありきたりのそれだった。

わたしはケイト・ミレット自身が、それはその通りだと認めているというのを聞いたと記憶しているのね。言語ということでいえば、白人の女性運動の中のレズビアンのグループに新しい言語を生み出す可能性があると思う。彼女たちは辛抱強いから。

――歴史を書き直すという意味において、作家であるということを考える？

わたしがしようとしているのは、ある種のヴィジョンを死なせずにおこうということ。わたしたちを生きのびさせてくれたヴィジョンを。それを手放すわけにはいかないのだから。でもそれと同時にね、わたしは未来のヴィジョンを投げかけたい。たとえば『塩食う者たち』では、わたしは「七人の姉妹たち」に託して一つのメッセージを送り出した。この国ではまだかつて一度も有色人種の連合体を組織する企てがなかった。六〇年代には黒人とアジア系の人たちを結ぶ試みはあったけれど……。そのことを小説のなかで実現してしまった、わたしは。

3　子ども・子どもたち

わたしはわたしの娘を、夫というものを持たず育ててきた。周囲の人たちが手を貸してくれた。以前は、それはそうしたいという希望でそうなったのではなくて、しかたなくそうなっていた。非公式の保育園よね。近所にはいつも必ず「なんとかかあさん」と呼ばれる女性がいて、面倒を見てもらう必要のある子どもを引き取り世話をしたものだった。「一体誰の子かね、この子は?」なんて彼女はけっしてたずねない。子どもは子どもなのだから。子どもは世話をしてもらわなければ生きていけないのだから。あなたの子であろうと、わたしの子であろうと。子どもは面倒を見てもらわなければ生きていけないのだから。もしあなたのことを彼女が嫌っているとしたら、あなたとは口をきかないかもしれないけれど、子どもがやってきたら、その子には食事をさせる。

子どもの頃、いつだって、おとなたちにあれこれいわれたものだった。「道の向こう側を歩いちゃだめだよ! だめだからね!」とか。嬉しくてね、そういうの。ちゃんと安全な網の中にいるなという感じがして。家から五十丁も離れた所にいたって、ひとりぼっちじゃなかったわけだから。「ソックスをちゃんと上げなさいよ！」「宿題を見せてごらんよ」。知り合いでもなんでもない人たちよ。

この頃ね、二十代に入ったばかりの若い女性が子どもはつくりたくないなんていうのを耳にする。それがすごくこわい。それと、二十代後半の女たちが、家族というものが一体どのようなものであるか全く考えてもみずに、子どもを育てることができると思うのもこわい。そこから一歩先へ進んで、たった一人でも子どもを育てることができると考えているのを見ると、もっとこわくなる。子どもと二人きりで、どこかのアパートに閉じ込められて暮らすの？　子どもはひどい目にあい、共同体もひどい目にあう。

わたしは自分が母親になる以前に、すでに親だった。わたしの家族がそういうことを教えてくれたわけではなかったけれど、わたしは共同体によって、十二、三歳になったら、もうおまえは親であると教えられた。みなし児になってしまった子どもがいたら、おまえが面倒を見る責任があるんだよと。世話をするの。これがわたしの街路における「社会化」の過程だった。わたしは教会によって教えを受けなかったけれど、美容院で、街角で、「社会化」の教育を受けたのだから。わたしは街の女たち、わたしが人生経験ゆたかな女たちと呼んでいたバーの女、売春婦、コールガールたちなどから好かれるタイプだったのね。彼女たちの方からわたしを見つけ出し、仕事をくれた。仕事とは犬に散歩をさせたり、使い走りをしたり、洗濯屋へ行ったりすることだった。彼女らはいつもアドバイスをしてくれて。わたしには役立てることのできないアドバイスだったけれど。「男に会ったら、きょうは誕生日だといいなさいね。そして香水を買ってくれなんていわず、黄金《きん》がほしいといいなさい」とか。

見ず知らずの子どもたちも、わたしを探しあてたものだった。わたしは子どもたちを育てたの。べつにかわいいなんて思うような子どもたちじゃなかったけれど、育てた。わたしはいろいろ機略縦横みたいなところがあるから、お金をつくる方法も知っていたし、問題はなくうまくいった。十六歳から十九歳になるまでだったかな。わたしの娘はそういう風じゃない。子どもには関心がない。彼女は年寄りを世話し保護するのね。

わたしは子どもがほしいと思ったことはなかった。わたしのボーイフレンドは、子どもはいらない、といっていた。娘は彼女がわたしを呼び続けていた、というのよ。実際彼は当時も生殖不能のひとだったし、いまでもそうなの。妊娠するには二年もかかって。軍隊の大尉みたいに生活を管理したのよ。わたしはわたしの性格を変え、貯金して、健康に気をつけたりするようになって……彼の頭にもいろいろ影響を与えるようなことをいって。わたしが育てた子どもたちにも、子どもを産もうと思うのだけど、どう考えるかとたずねたら、彼らは口をそろえて、「やめな、やめな。あんたは子どもを破滅させることになるよ。あんたは威圧的で衝動的で無謀すぎるからな」といってね。彼らは彼ら独特の方法で、わたしは情緒的に不安定な子ども、理知的な子どもを持ってはだめだという忠告もしてくれた。で、わたしは六月に妊娠するように計画して——。娘はわたしにはちょうどいい子どもなのね。たがいにちょうどいい。わたしをひどく突飛な人間だとも思わないし、わたしの様子がおかしくなると、げらげら笑ってる。それがわたしにはちょうどいい。

父親には、どのような型の父親になってもいいからね、と話した。気が向いたら訪ねてきてもいいし、子どもが一定の年齢に達したらくるというのでもいいし、完全に姿をくらますというのでもいいと。その頃の彼からはいかなる答も引き出すことができなかった。彼には現実感が全くなかったのだから。

わたしは夫なしで子どもを育てる心づもりができていた。わたしが養った子どもたち、そして年寄りたち、仲間たちがいたから。はじめの三、四年は名親《ゴッドマザー》がやってきてわたしの振舞いについて批判するばかりでなく、さまざまな人たちがわたしを助けてくれてね。おかげで沢山お金を稼ぐこともできた。按摩してくれたり、マニキュアしてくれる人もいた。一団の人びとに、わたしたち母子は支えられていたのね。ニューヨークで。わたしは週に二日間は大学で教え、あとは組織運動をやってた。

でも、家にいることにしたいと決心して、そのためにフリーランスの仕事をすることになった。苦しかった。それからここへ移ってきた。ここでは誰もわたしのことを知らなかったから、何か頼まれてもノーと答えることができたわけ。ニューヨークではたえずあれやこれやの奉仕活動に引っ張り出されていたから。ここでは家庭というものをつくろうとしてきた。子どものそばにいられるように。自分が子どもだった時にほしかったすべてのこと……わたしはかあさんに家にいてほしかった……わたしと娘は一緒になんでもやる。それにこの子はわたしのことがすごくよくわかってる。他に何もせずにただ書かなければならない時には、そのことがわかってしまう。電話に出てくれて、かあさんは電話に出られませんよ、といってる。わたし自身が電話には出られないと気づいていない時でさえ、彼女にはわかっていて、そういってる。まだずっと小さかった時に、電話に出て、「かあさんはいますごく忙しい。窓の外をじっと眺めているけれど、仕事中だから」といってね。相手が、で、かあさんは電話に出られないのかと問うと、娘は何かだいじなことなのかとたずねた。相手はだいじだともと答えると、娘は「あんたにとってだいじなの、それともかあさんにとって？」と聞き返していた。すごいじゃない。五歳か六歳の時だった。

母親になってからは、生活がずっとすっきりした。何が優先するか、重要かということが明確になるから。ごたごた入り組んだ生活ではなくなったのね。子どもが第一、ということになるから。ということはね、子どもにとって明確に理解できる仕事しか引き受けないということを意味するわけ。わたしがする仕事が黒人のために役に立つ、と娘が考えることができれば引き受ける。娘の判断を信用することができる。

娘が父親に投げかける問のなかには、とても興味深いものがあるのね。彼女が自主学校へ通っていた頃、長いこと彼女にとって「仕事《ワーク》」というのは黒人共同体の役に立つことをするという意味だった。「職業《ジョブ》」というのは、「仕事」とはどこか違うのだと。「職業」には賃金や報酬が払われる。その頃娘の父親はモデルの仕事をずいぶんしていて、ある日車で走っていて、彼女は広告板に彼の姿を見たのね。酒とか煙草の広告で。「とうさんだ！　何をしてるの！」という。わたしはそれはとうさんの仕事《ワーク》なのよ、と答えた。すると娘は「職業《ジョブ》」でしょ、という。わたしはそういう区別にあまり敏感でなかったわけ。父親が訪ねてくると、彼女は彼にいった。「とうさんの仕事って、よくわからないよ」。彼は「そうさな、とうさんはミュジシャンの出演契約を取り付けたり、モデルをやったり、バーテンダーをやったり……」。「酒や煙草を売ることが、どういう風に黒人の役に立つの？　人びとの解放にどう役立つの？」彼は不意をつかれてね、娘が非難していると思ってしまった。わたしが何かいったのだなと。電話して「いったい、どういうことさ?!　あいつは目茶苦茶に俺を批判してるぜ」という。わたしは「彼女はね、とても特殊な意味で仕事という概念を使っているのよ。そういう意味で彼女にわかるように説明してやればいいのよ。職業だといってやれば、わかるから」。彼はいわれた通り説明して、これこれの収入があると話してやった。娘はどういうことにその金を使っているのか、とたずねた。彼は服を買ったり、旅行したりと答えた。すると娘はさらに混乱してしまって……。

彼女は模倣をすることによってひとを理解するのね。わたしの兄は大声で、ふとこちらもつりこまれてしまうような笑いかたをするのだけれど、彼女はある時それとそっくりの笑いかたをして、「わあ、あのね、これでウォルターおじさんのことがもう少しわかった」といった。

独身の母親として、わたしはとても満足している。女たちがいろいろ支えてくれることが、わたしは大切でありがたい。ひとりきりでできるなんて思うのは、愚かしいことなのだから。

両親が別れてしまった子どもたちが一般的にそうであるように、娘も父親について幻想を抱いてる。それはそれでいい。「持ち続けなさい。だいじにしなさい。でもそれは現実とは違うことも知るようになりなさい」とわたしはいう。わたしについても幻想を持っている。「そのことで生きることがより刺激的になるのなら、それでもいい、でも幻想は実際のわたしとは違うんだからね」という。

わたしの男友だちについて、「彼と結婚するの？」とたずねる。わたしは結婚することには関心がないのだというと、「よかった」という。そしてかならず、「第二ね」という。「第二ね、彼は自由な精神の持ち主のように見えるけれど、いつかはかあさんを支配したいと思うようになるからね」。そして、「第一ね」という。「第一ね、あたしはかあさんととうさんが一緒になるといいと思ってたんだもの」。いまでは父親と母親は友だちなのだとわかってきて、それで満足している。少なくとも永続的な傷にはならないだろうから。「とうさんはここにはいない。けれどもいろいろな人びとがいてくれる。おばあちゃん、おじさんたち……いろいろな人たち。皆があたしを愛してくれる。わたしはだいじょうぶなんだ」と娘は考えてるのね。「でも、おまえにはとうさんがいないじゃないか」なんていう連中がいる。「もちろんとうさんはいるわよ。とうさんのいない子どもなんていないんだからね」と答えてる。

でも難しい。わたしにとってよりも、子どもには平衡を保つことが難しい。七歳の時、電話がかかってきて。それまでは、父親から電話がかかるときまって駆けてきたものだった、「とうさんだ！　とうさんだ！」と。その時は外で遊んでいたのだけれど、ゆっくりと家へ入ってきて、電話器を通り過ぎてね。「とうさんからよ。長距離よ」というと、「あたしに会いたいなら、ここへきなさいっていってちょうだい」。ようやくのことで電話に出たけれど、元気かねときかれると、元気かどうか知りたければ、くればいいといって。もう、「会いに行くからね」という約束には飽き飽きしたと。「元気かどうか知りたければ、会いにきなさい。もう話はしない。さようなら」。そんなことがあって、父親はもっといろいろ責任を持つようになった。

父親は彼女にとっての「おとな」なのね。そこで娘は「子ども」になれる。彼と戯れることができる。彼は恋人、兄、ボーイフレンド、おじいちゃんなど、どれにもなれる。すごく融通がきき、鋭敏だから。でも父親は繰り返し娘から教えられた。娘が彼を成長させたともいえる。このあいだ彼は娘に謝っていた。そしたら娘は腰に手を当てていったの、「いいこと。あたしにはかあさんも、おばあちゃんもいる。しかも銀行に口座も持ってるのよ。誰もとうさんにお金をくれなんて頼んだことはないでしょ。お金をくれたいなら、あたしにくれたって、かあさんにくれたってかまわない。

でもお金がないんなら、それでもいいのよ。あたしたちの間柄とお金とどんな関係があるのか、あたしにはわからないよ」だって。すごい。

彼女はかしこい。老齢なのね。魂が。時に、彼女はうっかり口を滑らすの――「わたしが女だった頃には」とか、「ずいぶん昔のことだけれど」とか。

でも男の子だったら、どうやって育てていいかわからなかっただろうと思う。ニューオリンズにやって預けることになると思う。黒人の男の子をいかに育てるべきかについて承知している人びとがいるのは、わたしの知るかぎりでは、あそこだけ。いや、もう一つ、ウェスト・パーム・ビーチもそうかな。

ニューオリンズには男の子たちの教育をする責任を引き受けてくれる男たちのネットワークがあるのよ。トニ・モリスンもこの夏彼女の息子たちをそこのウィリ・ロンバートという男のところへ送ったんじゃなかったかしら。弟子にしてくれるの。そういう風にして世話になっていたある少年がいたの。子どものない老人のところに預けられていて、老人が少年の教育をし面倒をみることになっていた。そして少年が老人の世話をすることになっていた。家族として。訓練を受けると同時に、助ける。自分の血縁の家族のもとを去って。

この少年が病気で倒れた時に、わたしはこのようなことが行なわれている事実を知るようになったの。男たちはこの少年の看病をするために計画を立てた。その中の二人はこの少年の病気について調べあげた。国じゅう探して、適切な病院を見つけて……男たちは少年をニューヨークへ連れて行った。一緒に泊まり込んで。少年のかたわらには、いつも二人の男がついていた。他の男たちは募金をやっていた。彼らは何もかもやった。少年がコーヒーが呑みたいというと、彼らはそれはニューオリンズのコーヒーのことだとわかっていたから、ニューオリンズから魔法瓶に詰めた熱いコーヒーを送り届けたの。ほんとにネットワークがあるのよ。

もう一つ、これはハーレムのことだけれど。ハーレムのある老人とわたしは一緒に働いていたことがあってね。彼は地下鉄の駅でぶらぶらしているのね。引ったくりなどを働く少年を見つけると、老人は少年から盗品を取り返し、家へ連れて行く。そして殴りつけて、家に閉じこめてしまう。それから、「いいか。二つに一つだ。警察に引き渡してほしいか、それともわたしと暮らすか」。この老人は少年教育の学校をひとりでやってたわけね。彼は社会ではどのような責任を負わなければならないのか、少年たちに教えこもうとしていた。悪いことをする、というのはどういう意味を持つのかも。そして職業教育もして、それからネットワークへ送り込む……どこへ送ればよいかを承知していた。老人はたったひとりでそれをやっていた。これはほんの一例にすぎないの。

アトランタはそういう町じゃない。街路には生活がない。街路は危険だ、と人びとはいう。危ない理由の一つは街路は無人だからよ。街路文化を築こうとする連中がいない。子どもたちが街頭をぶらぶらしてることもないのね。

でもここの共同体はいい。どんな子どもでも飢えて死ぬなんていう目にはあわない。どこへ行ったって、娘を無視する人なんかいない。わたしの娘だけじゃない。娘はここに住んで気持が落ち着いている。わたしは倦きている。八分の六拍子じゃないから。ビーバップなところが少ないから――。でも娘は好きなのね。彼女が倦きてきたら、移動する時機がきたということ。母もここはあまり気に入ってないし。人びとは好き。ゆったりしていて。それに男たちは子どもたちに対してとても責任感が強いから。

女たちの多くは、結婚という問題に面と向かわないですむようにと、子どもをつくる。わたしもそのような問題を避けていると、自分でわかっているの。だから敏感になるの。シモーヌ・ド・ボーヴォワールのように。あのひとは老年という問題に解答を出すのを引きのばしていた。よけて通っていた。その内的世界がわかるのよ。

蛇はとぐろを巻いて眠るでしょ。肥満するのと同じなのよ。早く子どもをつくってしまえ、そしたら結婚がどうとかこうとか考えないですむぞ、と。結婚して苦労するのはいやだ、ということ。どうして子どもを産むときめたのかと話し合っていると、そういうことが明らかになるのね。えっ？　まさか、まさか？　気づいていなかった動機を発見して衝撃を受ける。

友人が、やはり彼女も独身の母親なのだけれど、わたしの娘のカーマは恵まれている、という。娘はさまざまに異なる家族の形態を探ろうとしていて、彼女の環境だけが唯一の可能性ではないこと、他にいくらでも形の異なる家族があることを認識しているからと。何でも試してみることに熱心な子だから、早く家から離れて行くだろうと思うのよ。

ヴァージア

わたしは黒人がたえず笑ってばかりいるような場所ではないミシシッピーへきっと帰ることになるだろうとわかっていた。わたしと同様、彼らも、あそこでは黒人であるがためにくる日もくる日も代償を払わなければならないのだということを承知している。

『ミシシッピーの青春』アン・ムーディ

だからね、わたしはふたたび蘇り、立ち上がろうとするひとりの黒人の女――。

ヴァージア・ブロック・シェド

1 ミシシッピー

電話の向こう、やわらかな声。ヴァージアには会ったこともなかった。ニューヨークの市立図書館の特別コレクション、ハーレムのど真中にある「ショーンバーグ図書館」で働いていた友人の紹介だけで、ニューヨークからミシシッピーのヴァージアに電話した。

「もちろん、ぜひいらっしゃい。着く時には迎えに行くから。いろいろ話し合うことがあると思う。子どもは二人いるから、あなたも一緒に連れてきたらいい」

ジャクソン空港。わたしはエスカレーターを下り、彼女がその向かい側のエスカレーターで昇って行くところ、ちょうどその中間で初めて会って。そのまま二人は引き離されて、下と上へ。やわらかなヴァージアの声。やわらかな表情。片腕でその日一歳になった娘のカーラを抱いていた。深い褐色の腕に。

ヴァージアは最近離婚して、二人の子どもたちを育て、トゥガルー大学の図書館で働いている、ときいていた。一九四三年生まれ。

空港を出て、まず私たちは福祉事務所へ行き、カーラのために支給される食糧品を受け取った。年給一万二千ドルで、生活は苦しい、借金も重なって、とヴァージアはいった。夫から養育費なんかもらってないから。貧しい親の赤ん坊のために支給される食糧品をもらう——。粉ミルクやシリアルだった。

カーラをヴァージアの妹さんのところに預けて、セルフサービスのレストランへ行って、夕食をたべた。わたしは南部へきたのだから、鶏のフライを食べるから、というと、ヴァージアは「わたしは蝦のフライにする。本物の鶏のフライはわたしが作ってあげるから」といった。

ジャクソン。深南部と呼ばれる地域でも、もっとも貧しいといわれるミシシッピー州の首都。車で走っているだけでは、どういうふうに貧しいのかはすぐにはわからない。町は郊外へ郊外へと広がりつつあるのだし、市街の中心はジャクソンと同じ規模の地方都市とそんなに違わないように見える。けれども、黒人のゲットーのあたりには、物質的な貧しさがあらわれている。過密地区でもある。住宅地として開発された市外の地域に対して、ここは inner city と呼ばれる。他の都市でもゲットーといわない時には、inner city と呼ぶ。とりわけ都市再開発がいわれるようになって以来、その呼称が一般的に使われるようになったようだが、そう呼ぶことで貧しさや荒廃の感じが中和されるのだろうか。

ジャクソン。六〇年代の市民権運動の最盛期には、全国から英雄的な活動家たちがやってきたものだった。それは黒人と白人が共働することのできた蜜月の時代だった。いまでも、ゲットーには「ビッグ・ジョーンズ」あるいは「ビッグ・アップル・イン」とも呼ばれる小さなレストランがあるが、蜜月時代には、各地から応援にやってきた活動家たちはここを溜まり場の一つにしていたのである。間口のせまい、細長い店だ。活動家たちはいうまでもなく、その店からとっくに姿を消してしまった。

ある日、昼食をしにそこへ出かけた。ヴァージアと彼女の恋人と一緒に。少年たちがソーダを飲みながら、ジュークボックスの前に群がっていた。六〇年代初頭には生まれてもいなかった少年や、あるいは当時は幼い子どもだった青年たちだ。勤め人風のおとなたちは、静かにサンドイッチを食べていた。買って持ち帰る客も多い。サンドイッチを作る人びとは三人いて、無言でせっせと、とても能率的な分業で作っていた。店の特別料理は燻製のソーセージのサンドイッチと、豚の耳のサンドイッチ。肉は真っ赤な唐辛子ソースに浸してある。温かいサンドイッチには、芥子と赤いソースとみじん切りにしたピクルスをのせる。豚の耳は耳の形をまるのまま残して、赤いソースに浸してあるのだし、それをそのまま小さなパンにはさむのだから、口に運ぶときには、パンからはみ出した耳が震える。

一九六八年には、ジャクソンのトゥガルー大学に在学中に公民権運動に参加したアン・ムーディの『ミシシッピーの青春』*Coming of Age in Mississippi* という自伝が出版されたが、ムーディが描く公民権運動の活動家たちは、ああ、こういうところで食べたのか、とわたしは想像してみたりする。一九四〇年生まれのムーディはヴァージアと同年代だし、ヴァージアはムーディの描くミシシッピーの生活の貧困を同じように経験してきたし、人種差別のことでも、同感することが多いといった。現在ヴァージアが司書をしているのは、ムーディが在籍していたトゥガルー大学である。ヴァージアはその頃ジャクソン州立大学にいた。

ムーディの自伝は底辺からの公民権運動への参加がどのようなものであったかをおしえてくれる。ミシシッピーの貧しさがどのような性格を持っていたのか、ひとりの少女の生存の苦闘がどのようなものであったか、黒人の住居に放火し黒人の肉体を私刑《リンチ》することで人種差別の構造を守り通そうとした白人社会の辺境に暮らすことがいかなる恐怖をもたらすものであったかを、おしえてくれる。自伝は一九六四年の夏で終わっている。グレイハウンド・バスに乗った一団がワシントンへ向かう。彼らはミシシッピー州の公民権運動団体の連合体ＣＯＦＯに関する議会での審問に出て証言しようというのだった。このバスを見かけ、仲間の姿を見ると、予定もしていなかったのに、ムーディはバスに乗ってしまう。バスには We Shall Overcome の歌声が響き渡る。ムーディは歌うことができない。焼死した黒人、バーミンガムの教会の爆破、殺された運動の指導者たち、デモ警官たちに殴打された者の頭から血が噴き出す……死者たちの列……「きっといつかは打ち勝つだろう」という歌が歌えないのだった。

ほんとうに、そうなるだろうか。

ほんとうに、そうなるのだろうか。

キング師が暗殺される四年前のことだ。
その後間もなく自伝を著すことになった彼女は、幼年時代の記憶の記述を次のように書き始めたのだった。

いまでも、カーターの農園《プランテーション》に住んでいた当時の夢にうなされる。多くの黒人が彼の農場に暮らしていた。わたしの母と父がそうであったように、彼らも百姓だった。わたしたちは誰も彼も二部屋きりの朽ちた木造の小屋に住んでいた。けれどもわたしの家はカーター一家の邸宅と並んで、農場と他の小屋を眺め下ろすかっこうで丘の上に建っていたのだ。それは煙突とポーチのついた納屋といった感じだった。けれども母と父はそれでもなんとか住みやすくしようと工夫した。部屋は大きいのが一つあるきりで、もう一つは台所だったから、家族は一つの部屋に一緒に寝た。三部屋を一つの部屋に入れたようなぐあいで。母たちは一方の隅に寝て、わたしは木の窓際のもう一方の隅に小さな寝台を置いてもらって寝た。暖炉の前には一脚の揺り椅子と二脚の固い椅子を置いて、そこが「居間」というわけだった。模様のない、うっとうしいような色の壁紙が、大きな画鋲でゆるく留めてある。画鋲の下には、靴の箱の厚紙を小さな正方形に切ったのが入れてあって、壁紙を押さえ、画鋲が紙を破かないようにしてあった。鋲の数が不足していたので、壁紙はところどころたるんでいた。台所には壁紙はなくて、家具といえば薪ストーブと古びたテーブルと蠅帳《はいちょう》が一つ。

父母には女の子が二人いた。わたしは四歳でアドラインは六、七カ月の泣きわめく赤ん坊だった。わたしたちは父母とほとんど顔を合わせることがなかった。二人は日曜日を除いて、一日中畑に出ていたから。朝は早く起きて、日の昇る少し前に出かけた。帰ってくるのは暗くなりかけた六時頃だった。

昼間は母の八歳になる弟がわたしたちの守りをしていた。彼は森の中をうろつくのが大好きだったのだが、わたしたちの子守りをいいつけられていたから、その大好きな時間潰しができなかった。父母が畑へ出る前に家へくることになっていたから、着いた時はまだ眠かった。父母が家を出るやいなや、彼は揺り椅子に腰かけて眠ってしまった……。

ある時彼はわたしたちを森へ連れて行ったが、わたしたちを草の上に置き去りにしたまま、鳥を追いまわしていた。その夜母はわたしたちのからだがすっかりダニに覆われているのを発見し、彼はその後森へ子どもたちを連れて行ってはならないと釘をさされた。するとこんどは、森へ行きたい衝動に駆られるたびに、彼はわたしを殴った。

八歳の叔父はその後も森へ遊びに行くのだが、ある日アンをひどく殴り、彼女はポーチから投げ飛ばされたような格好になって、階段の角に頭をぶつけて、血が噴き出した。そのことがあってからは、両親は子守りを置かずに、二人の幼児を家に残したまま畑に出るようになった。母はテーブルの上に豆を置いて、空腹になったらそれを食べるようにといった。アンは揺り椅子に坐って豆を食べた。赤ん坊の妹は甘味をつけた水を飲んだ。家に二人きりでいるのが恐ろしくて、殴られてもいいから叔父がもどってきてくれたほうがいいと思う。

突然ジョージ・リーが家に入ってきた。にやにやしながら無言でわたしを眺め立っていた。どういうつもりか、わたしにはすぐわかった、わたしの手の中の豆が震えた。

「豆を台所に置いてきな」と彼はいって、わたしの顔を思い切り打った。

「おなかがへっているんだよお」とわたしは豆を頬ばったまままいった。

彼はふたたびわたしの頭を殴り、豆を奪い取ると台所へ持って行った。

「おまえら、泣き虫のあほうども、焼き殺してやる。そうすりゃ、もうここでおまえらの子守りなんかしないですむんだ」

そういって、実際彼は放火した。父母が運よく帰宅して、近所の人びとの手を借りて消火したが、ジョージは出火はアンのしわざといい、その言葉を信じた父はアンをひどく殴った。

火事のあと、父はいらいらと落ち着かなく、陰鬱になった。降雨量が少なく、棉花の収穫が悪く、さつまいもは土の中で干上がっていた。とうもろこしも不作だった。小作料として収穫物を渡したら、もう何も残らないと予想できた。父は混血の女性とねんごろになり、家族のもとを去った。

「あん畜生！　あのろくでなし！」と母が低くつぶやいた。父はもう帰ってこないだろう、とその時わたしにはわかった。

「とうさんはあたしたちと一緒に住まないの？」とわたしはたずねた。

「住まないんだよ！　おだまり！」と彼女は目にいっぱいの涙を浮かべて怒鳴るようにいった。母は夜どおし泣いていた。

母子三人はアンの伯母のところに一時身を寄せた。母は三人目の子を産み、母子四人は一台の寝台に一緒に眠った。母はやがて女中の仕事につき、雇い主の家から食事のあまりをもらってきた。それだけが母子四人の食事だった。あまりの酷さに職を替え、食堂《カフェ》で働くようになったが、それも週給わずか十二ドルだった。十分に食糧を買うこともできないので、母はとうもろこし畑から牛の飼料用に栽培されていたとうもろこしを盗んできては子どもに食べさせた。

アンは小学校に通うことになった。往復十二キロの道を。朽ちかけた一部屋きりの木造小屋が学校だった。教師はたえず生徒を鞭で打つので、アンは便所に四時間もかくれていたこともあった。

母は四人目の子を産んだ。その子の父は兵隊だった。彼女には育てることができないだろうといって、父親とその母親がある日その新生児を連れていってしまった。その後母はふたたび白人の家庭の女中になり、母子四人は女中部屋に住むことになった。週給五ドル。部屋代はただ。母は時折り主家《おもや》から食べ物を運んできた。「白人はあたしたちと違う食事をするのだな」とアンは考える。彼女はいつもいつも豆とパンだけの食事だったから。

アンが初めて自分の皮膚の色と、その意味について考えるようになったのは、日頃親しくしていた白人の遊び友だちと映画館で出会った時のことだった。黒人は二階で観ることになっていた。「わたしの黒さがわたしを二階へ追いやる」と。けれども、白人と黒人の違いとは一体何なのか。いくら考えてもわからない。けれども確かに違いはあるのだろう、そうだ、きっと性器のかたちが違うのだと彼女は考えることにした。

アンが白人の老女の雑用をするようになったのは八歳の時だった。賃金を受け取って働くようになったのは九歳の時だった。白人の家の外囲りを掃いて、週に一度七十五セントと二ガロンの牛乳をもらった。その次の仕事はクレイボーンという女性のところで雑用をすることだったが、週に五ドルもらったので、三ドルを映画代にあて、二ドルを母に渡した。母はそれで子どもたちの弁当のピーナッツバターとパンを買った。

母は六人目の子どもを身籠った。父親はやはり「兵隊」のレイモンドだった。母子はこのレイモンドと一緒に暮らすようになっていたが、彼は農業を始めた。子どもたちも畑で働かされた。けれどもうまくゆかず、一家はそれまでよりさらにひどい貧困を経験した。一家の住んでいたミシシッピー州センターヴィルには未熟練黒人労働者を雇用できるような工場や製材所はなかった。白人は黒人の男たちを雑役夫としてしか雇わなかった。女たちはいつまでも白人の家庭の女中として、一日一ドル稼ぐことはできた。

母は七人目の子を身籠った。

アンは高校生になった。新学年の始まる一週間前、十四歳の黒人の少年エメット・ティルが白人の女性に向かって口笛を吹いたと非難され、それを理由に白人の男たちに惨殺された。ミシシッピーのグリーンウッドで。アンはその町でも「もっとも意地の悪い」バーク夫人という白人女性のところで家事をして働いていた。バークは「なぜエメット・ティルは殺されたか知っているかい、白人の女性に対して身のほどをわきまえない振舞いをしたからだよ。ミシシッピーの男たちなら、わかっただろうよ。その子はシカゴからきたんだってさ。北部のニグロたちは尊敬ということを知らないからね。あの子はミシシッピーへやってきて、若い連中にいろいろ吹きこもうとしたんだ、面倒を起こすつもりで」と熱っぽくいうのだった。アンはその時初めて、「黒いというだけで殺されるのだ」という新たな恐怖を体験した。バークは自宅で『ギルド』という組織の集会をしじゅう催していた。そこで交わされる会話はＮＡＡＣＰ（全国黒人地位向上協会）のことだった。アンはコンサイス辞典でＮＡＡＣＰを探すが、辞書にはこの言葉はないのだった。学校の教師の一人ミセス・ライスがその意味を教えてくれた。「黒人がいくつかの基本的人権を獲得することができるようになることを目ざして、だいぶ以前に生まれた組織なのよ。でも、わたしがあなたにそう教えたと、誰にもいっちゃいけない。わたしは首になる」(前の章の「接続点」で、ユーニスが語っていたことを思い出してほしい。ユーニスの父がミシシッピーのマウント・オリーブで黒人の参政権に関わる運動に加わったために、一家は夜の闇の中を逃走することになったのだった。車に乗り込み、一家はそのまま、何も持たずに命からがらミルウォーキーへ逃げたのだった。そういえばユーニスもちょうどアンと同じ年齢だ)。ミセス・ライスはアンを夕食に招き、南部ではいたるところで黒人が虐殺され惨殺されていることを話してくれた。アンは「自分がこの世でもっとも下等な生き物のような気がした」と書いた。

アンの同級生の少年が白人たちに裸にされ縛り上げられ、殴られた。血を流していた少年を黒人は医者に連れて行くこともできなかった。白人の医者にどのような目にあわされるかわからないという恐怖で。そしてタプリンという一家は全員焼死した。ガソリンによる放火だった。ＦＢＩはきたが、この一件は結局うやむやにされたままだった。

アンが感じていた日常的な恐怖、黒人たちが呼吸するごとに感じていた恐怖。十五歳になったアンは白人に腹を立て、無力に見える黒人に腹を立て、「一日一ドルで自分の感情を売り渡すことにうんざりして」、夏休みにニューオリンズへ出る。百貨店で陳列棚を掃除し、既製服にアイロンをかけ、ウィンドウの飾りつけを手伝ったりして、週に二十四ドルもらった。秋になってセンターヴィルへ戻ってきた彼女は、黒人の問題を考えるのを避けるために、多忙に暮らすことを決心する。バンドで演奏し、バスケットボールの選手をやり、働き、ピアノを習い、妹や弟たちの宿題を手伝い、日曜学校で教えた。ふたたび夏がくると、ニューオリンズの鶏肉工場で働いたり、皿洗いをしたり、ウェイトレスになったりした。

そしてセンターヴィルの黒人を組織しようとしていたサミュエル・オキンが殺された。弾丸は胸を貫き、にぎりこぶしが入るぐらいの穴を残した。オキンはＮＡＡＣＰのメンバーだったが、一人の黒人を組織する間もなく殺された。

高校を卒業して、その夏はふたたびニューオリンズでウェイトレスをしたが、秋からはバスケットボールの選手の奨学金をもらって、二年制のナチェス大学へ。その後授業料免除でトゥガルー大学へ三年生として編入した。彼女がＮＡＡＣＰの支部の会合に出るようになったのは、そこでだった。一九六二年の夏にはＳＮＣＣ（学生全国調整委員会）にも加わり、デルタ地帯での投票者登録運動を手伝った。昼間は戸別訪問をして、夜と日曜日は教会での大衆集会を組織した。人びとは怖れていた。教会にさえこなくなった。それが変化して、人びとが参加するようになると、彼らは仕事を首になり、住む家もなくなった。SNCCは北部へ連絡し、食糧と衣類を送れと依頼した。

一九六二年はNAACPの年次総会がミシシッピーのジャクソンで開催された年でもあった。センターヴィルのアンの母は保安官をはじめとして、アンの政治活動のことで多くの白人から脅迫されるようになっていた。アンはもう家にも帰れなくなった。

一九六三年、アンは「ウールワース」という雑貨店のランチ・カウンターの白人専用の席に二人の仲間とともに坐りこんだ。NAACPの運動の一部だった。三人はこづきまわされ、床を引きずられ、殴られた。坐り込みに二人の白人が加わった。群衆はケチャップやからしや砂糖やパイを坐り込んだ者たちに浴びせた。三時間それが続いたが、店の外には手をこまねいた九十名の警官がいた。

黒人がジャクソン市の市長に対する要求をつきつけた日には、四百名以上の高校生が逮捕され、農産物見本市の会場の敷地内に閉じこめられ留置された。ジャクソンは人種差別に対するデモの中心地になった。デモを禁止する指令が出て、誰も彼も逮捕された。歩道で見物しているだけで逮捕された。自宅の玄関先に腰かけていただけで逮捕された。マーティン・ルーサー・キング牧師がアラバマにおいて果たした役割を、ミシシッピー州に対して果たすことになるだろうと期待されていたジャクソンのNAACPの指導者メドガー・エヴァースは白人の手で殺されてしまった。「どういうことなのか、それを考えるためには留置場へ行く必要があった。その頃わたしがものを考えることのできたのは留置場だけだったから」とアンは書いた。メドガーの死に対する抗議集会で逮捕された者たちは、塵芥運搬車で農産物見本市会場へ運ばれた。トラックから一人の少年が転げ落ちた。トラックはバックして、その少年を轢いた。農産物見本市会場は牛の競売に使われたが、それはナチの強制収容所を髣髴させた。市の留置場の料理係は塵芥缶を使って留置されていた者たちの食事を煮ていた。

アンは組織内部に起こりつつあった内輪もめにうんざりして、マディソン郡のカントンへ行き、CORE(人種平等会議)の仕事を手伝った。マディソン郡はミシシッピーでも、たえず黒人が死体となって発見される最悪の土地の一つだった。性器を切り取られ、ク・クラックス団のKがからだじゅうに彫りこんであるような、男たちの死体。そこでアンは高校生たちの手を借りて投票者名簿への登録を勧誘してまわった。ワークショップも開いた。しかし白人からの脅迫におののいて、手を貸してくれる土地の人の数は減っていった。活動資金はこなくなり、「幾日も、何も口にすることのできないことも」あった。COREの「自由の家」Freedom HouseがKKKの襲撃を受けるだろうという噂が流れ、運動員たちは裏庭の草の中に身をひそめて夜をやりすごした。

カントンの貧困は運動によって悪化していった。子どもたちは腹をすかし、服を買ってやれないので、学校にやれないという家庭も多かった。

アラバマ州バーミンガムの教会で黒人の女の子が四人爆弾で殺されたのは、一九六三年九月、アンの二十三歳の誕生日だった。前月の、二十五万人を動員したワシントンへの行進から二週間しかたっていなかった。マーティン・ルーサー・キングが「わたしには夢があるのだ」と演説したあの大集会から、わずか二週間だった。

非暴力主義は果たして妥当なのか、とアンは問うた。教会の爆破はそれまで彼女が信じてきたすべてに疑いを抱かせた。カントンにおける白人の脅迫はますます激烈になり、アンの神経はずたずたで、毛髪が抜けはじめた。彼女はクランの暗殺の対象としてブラックリストにのっていた。

憔悴したアンは一時ニューオリンズへ行く。祖母の家を訪ねるが、彼女は関わりになるのを怖れて戸も開けてくれなかった。母に再会するが、会わぬ間にまた二人子どもがふえていた。一九六四年、伯父のクリフトがアンが運動に関係したことで、センターヴィルで殺された。顔は撃たれて、あとかたもなく飛び散り、歯さえ残っていなかった。アンがセンターヴィルの家人や親類に出した手紙はすべて開封されていることもわかった。

ニューオリンズから、ふたたびカントンへ。「わたしは黒人がたえず笑ってばかりいるような場所ではないミシシッピーへきっと帰ることになるだろうとわかっていた。わたしと同様、彼らも、あそこでは黒人であるがためにくる日もくる日も代償を払わなければならないのだということを承知している」

一九六四年五月、大学から卒業証書を受け取ると、「ミシシッピー夏期計画」に参加したが、公民権運動の団体は無力だという感じを棄てきることができなかった。「アメリカは平和部隊を維持し、他国のめぐまれぬ人びとを保護し援助する余裕があるというのに、アメリカ生まれのアメリカ市民は毎日のように殺され虐待されても、それは放置されている」と。カントンにも「自由の日」Freedom Day が催され、瞠目するように大勢が集まった。けれども、議会における審問に出て証言するためにワシントンへ向かうバスの車中のアンは、「きっといつかは打ち勝つだろう」という歌の合唱に加わることができなかった。

そこで自伝は終わっている。

ヴァージアの育ったミシシッピーという土地の性格を説明しようとして、アン・ムーディの自伝を持ち出したら、長い寄り道になった。けれども、これは余計な寄り道ではないと思う。ムーディの記述は、ヴァージアの言葉の背後の状況を理解するのにたいへん役立つ。ヴァージアがムーディの自伝に親近感をもっていることも、もう一度いっておこう。

2 パイニーウッドの暮らし

ヴァージアはわたしを泊めてくれた。わたしが眠ったのは、ヴァージアの七歳になる娘ヴィクトリアがいまでも「とうさんの部屋」と呼ぶ部屋だった。大学は夏休みで、ヴァージアもしばらく休暇を取っていた。彼女はヴィクトリアを絵画教室へ連れていったり、湿疹にかかったカーラを医者へ連れていったりするので、わたしもそのあとをついてまわった。別行動をしたのは、ヴァージアが生まれた時に彼女を取り上げた助産婦さんに会いにユティカへ行った時だった。その時はヴァージアの従姉が案内してくれた。（「一八六九のいのちのはじまり」参照）

車の中で、あるいは一緒に食事のしたくをしながら、あるいは子どもたちをお風呂に入れながら、ヴァージアの話を聞かせてもらった。彼女の住んでいる住宅はプレジデンシャル・ヒルズと名のついた、ジャクソン郊外の新興住宅地の中にあったが、住んでいるのは黒人ばかりだということだった。郊外にはいくつかそのような、近年になって開発された住宅地があったが、黒人と白人がともに住んでいるところもある。

ヴァージアの家へは始終人びとが立ち寄った。あらかじめ電話をしておいてくるというのではなく、「どうしてる?」とか、「こんなことあったのよ」といいながら、始終立ち寄る。女友だちも、男の友だちも。ビールをさげてやってくる人たちもいて、それを呑んでいるといつの間にか午前二時になっている。

ヴァージアのやわらかな声はけっして変わらない。荒々しくなったり、急に早口になったりすることもない。「南部だから、ゆっくりゆっくりしてるのよ」と彼女はいった。

家族のことはどのくらい前までさかのぼってわかっているのだろうかとたずねると、彼女が知っているのは祖父母のところまで、ということだった。彼女の母方の祖母はインディアンとの混血だった。ミシシッピーのフェイエットの人びとだった。父方の祖母はアラバマ州バーミンガム界隈の出身だった。

彼女の父は一九〇五年生まれだったが、製材所のある村や町を転々として、やがてカーペンターに行き着き、そこでヴァージアの母に出会った。

「アフリカからきた椰子の実が家にあってね。祖母が持っていたの。一九七〇年にどこかへ紛失して、それきり出てこない。わたしがこの家へ引っ越してきた時に持ってきたけれど、それ以来ないの。大切なものだと知らずに、子どもたちがそれで遊んだのかもしれない。固い、固い椰子の実だった。古い、古い椰子の実だった。父は一九五一年に死んだの」

ヴァージアが生まれた時は、両親はまだカーペンターに住んでいた。

「わたしは一九四三年の六月に生まれた。父は製材所の工員だった。牧師でもあったの。母は基本的には主婦だった。三歳以降のことなら、わたしは何でもはっきりと記憶しているのだけど、最近の数年のことでは、どうしても何も思い出せない時期があるのよ。まるでその間は死んでいたのではないかとさえ思うように何も思い出せない時期が……」

カーペンターでは二軒長屋のような体裁の家に住んでいたという。父方の祖母と、その妹とその夫が一軒に住み、ヴァージアの両親とその子ども三人がもう一軒に住んでいた。そして伯母がひとり。その伯母の名もヴァージアだった。

「伯母のヴァージアが戸外で山羊をスピンにかけて直火《じかび》で焼いていたのを憶えているのよ。彼女は飲み屋《ジュークジョイント》みたいなものを経営していてね。客は彼女が醸造したビールを呑んで、ジュークボックスのレコードを聴いていたっけ。彼女が持っていたレコードをとっておけばよかったと思うのよね。

カーペンターで弟が生まれてね、わたしは生まれるのが待ち遠しかった。わたしの赤ん坊になるのだと思ったから。妹のフローラが生まれた時は、やきもちやいて、大きな氷の塊を見つけてきて、それで妹を叩き潰そうとした、と母はいうの。

父と母が喧嘩をするのを見たのは一度きり、それもわたしのことでだったと思う。かなり悪い子どもらしかったのよ。

カーペンターの製材所が閉鎖されて、そこから二十五マイルのパイニーウッドへ移った。そこも製材所を中心にしてできた村だった。

貧しい家庭の子どもたちが行く『パイニーウッド学校』というのがあってね。子どもたちは学校で半日働いて、半日学習したのよ」

その学校はドクター・ジョーンズと呼ばれる黒人が一九〇九年に創立したということだった。彼はミシシッピー州の出身ではなく中西部からやってきた。アイオワ大学の卒業生だったが、自分の天職は黒人の無知をあらためるよう努力することにあると考えたいという。パイニーウッド、製材を産業としていたこのミシシッピーの片田舎では、白人は教育のある黒人を怖れていた。そこでジョーンズはなかなか学校を創立することができなかった。ともかくその土地にいてしばらくぶらぶらしてみることにしたそうだが、あまりにも見通しは暗く、もう諦めて去ろうとした。ところがある日丸太に腰をおろしていたら、一人の少年がやってきた。ジョーンズは少年に「これを読んでごらん」といって本を渡したが、少年は読むことができなかった。翌日少年はふたたびやってきた。ようやくのことで、彼はそのあたりにあった空き家の丸太小屋を使う許可を得て、それを学校にしたのだったが、白人たちからはたえまなく妨害といやがらせを受けた。

けれども彼はついに白人を説得することに成功して、ある者は材木を提供し、ある者は土地を寄付する、というところまでこぎつけ、やがて学校が正式に創立された。現在でもそれは私立校である。いまは生徒は授業料を払って勉強するが、かつては生徒たちは半日を労働にあて、半日を学習にあてたのだった。大工仕事、電気工事、煉瓦造りなどをした。彼らが学校を建てたのだった。配線も全部やったのだとヴァージアはいった。

「畑を耕して。男の子たちが収穫してきた物を女の子たちが料理してね。わたしの妹は食堂で働いていたし、わたしは事務所と図書館で働いたの。十三歳の頃よ。一銭も払わずに。働きさえしたらよかったの」

一九五五年、ヴァージアがまだ在学していた頃、テレビのある番組でこの学校のことが取り上げられた。昔の丸太小屋が写し出され、畑で働いている生徒たちの姿も映った。アナウンサーは視聴者に一ドルずつ学校に寄付してほしいと告げた。百万ドル近く集まったという。あとからあとから、大袋に入った郵便が配達されて。ちょうどこの頃ジョーンズは障害をもつあらゆる生徒に教育の機会を与えようと苦心していた。事務の仕事を手伝える者もいたし、盲目の生徒たちはうたを歌った。募金のために、コーラスグループは公演旅行にもでかけた。バンドもあった。女生徒だけで構成されたバンド。

ヴァージアが在学していた当時の生徒の数は五百名にのぼったという。現在は二百名に減った。ドクター・ジョーンズはすでに亡い。

「ほんとに貧しい土地なの。あそこへ行って誰かの話を聞いてみるといい。女たちは女中になるだけしか仕事がない。わたしも女中をやった。一日三ドルもらって」

「昨夜『ホリデーイン』で聴いたサム・マイヤーズはあなたの同級生だというけれど、サムはもう五十をこえているのでしょう？」

「サムはわたしが『パイニーウッド学校』にいた時にほんとに同級生だったの。盲人には他に教育を受ける場がなかった。だから『パイニーウッド』へきたの。あたしはほんの子どもで、彼は十六か二十ぐらいの年上だった。でも同級生だったのよ。あそこではいつも年配の生徒がいてね、ようやく教育を受ける暇ができた年配の人たちが勉強していたものよ。

サムはフェア・ストリートでいつも歌っていた。わたしは母とよくでかけたの。彼の歌を聴くために、それだけのために。彼は去年二度目の世界公演旅行に出たのね。東京にも行ったたって」

サム・マイヤーズがすばらしいブルーズシンガーとして最初に認められたのは外国でだった。現在彼はミシシッピー興業というところで盲人の指導をしている。彼は、わしに金がある時は、ヴァージア、あんたにも金があるという意味なんだからね、入り用になったら、おいでというのだ。「パイニーウッド学校」への道は片道三キロだったが、ヴァージアはその道を歩くのは楽しかったという。誰もが緊密な関係を結んでいる共同体だった。子どもが悪さをして叱責されなければならないような場合は「ぶったりすることは、親でもない人がどんどんやったものよ」。

泉が湧いていたから、人びとは泉の水を使って洗濯した。泉が清流となり、支流をつくっているところでは、その水を汲み上げて自家製の飲料を醸造した。ムーンシャインと呼ばれる密造酒だ。ヴァージアの家では母がムーンシャインを造ったそうだ。父は牧師だったが……。

「母は密造酒なんか造ったりしてね。父が牧師だったけれど、母は父よりずっと若くて。父は一九〇五年生まれで、母は二四年生まれだった。母は美しくてね。もちろん浮気ばかりして。でも父はおだやかな我慢強いひとだった。子どもたちに音楽を教え、歌を教え、ゲームをして遊んでくれた。手品をしたりして。あっ、という間にペンが消えた！　なんていうやつよ。とてもすばらしい父だった。

ある日雪が降って、母はわたしに外で遊べ、といった。わたしも外で遊びたかった。すると父は反対したの。わたしには靴がなかったから。あの頃は靴の底にはボール紙をつけたものだったわね……。父母が喧嘩をしたのはその時よ。

父は癌になって一九五一年の七月二十五日に亡くなった。あと五日で命日。わたしの生まれたカーペンターに埋葬したのだけれど、最近墓を移そうとしたら、その土地をある白人が買い上げてて、遺骸は湖の中じゃないか、ということなの。母の従姉が電話してきて、水面に骨が浮いているといった。ひどいこと……」

「パイニーウッド学校」で高校まで終えると、ヴァージアはジャクソン州立大学へ進んだが、最初の一年間は四人の女子学生と一緒に毎日車で通った。「パイニーウッド」の校長ジョーンズはこの年大学へ進んだ者たちを自分の指導下においておいたらどうなるか、いわば実験のつもりでそうしたのだった。ヴァージアは十三歳の時から学校の寄宿舎にいたから、ジャクソン州立大学へもその寄宿舎から通った。

ジョーンズはそれまでにも学生に奨学金を与えてきたから、彼らはジャクソン州立大学、トゥガルー大学、その他へ進学した。彼は「パイニーウッド学校」の教育が大学へ進んだ生徒たちをどこまで準備できたか知りたいと思った。妊娠して帰ってきた学生もいたのよ、とヴァージアは笑った。「だからわたしのグループは高校の寄宿舎から通わせたわけね」

「一九六一年、わたしは大学の優等生名簿にのったの。でも九月から十一月まで登校停止処分になった。家へ帰った時にとうもろこしのウィスキー、例のムーンシャインを持ち帰ったの……母は四人の子どもと癌で死にかけている夫を抱えて四苦八苦していた、教育もなかったし、手に職もなかったから……そんな時のことだったけれど、大学の寮で女子学生ばかりでウィスキーを呑んで煙草を吸っていたら、メキシコ人のルームメートが校長に告げ口しちゃった。それで処分になって」

処分になってただぼんやりしているわけにもいかないと思っていたら、ジャクソン州立大学図書館の司書が図書館で働いたらいいといって世話をしてくれた。ヴァージアは十三歳の時から図書館の仕事をしてきた。カタログをタイプする仕事だった。その後も図書館で働き、また食堂で朝食時と夕食時に働いて、彼女は大学を卒業した。食堂の賃金は一時間五十セントだった。図書館では週に二十時間は働いた。母から受け取ったのは四年間を通して合計二十五ドルぐらいだった。授業料は政府の貸し付け金で払い、自分の収入で寮費と食費を払った。つい最近借金を返したばかりだ。授業料の一部は奨学金で払っていたような気がするのだけれど、はっきりとは思い出せない、という。

一九六四年の春にジャクソン州立大学を卒業して、その夏は大学図書館の正式の職員として働いた。空軍に少尉として入隊する試験にも受かったが、「けっこう」と断った。ロレーン大学の修士課程を取るための奨学金を貰ったからそちらへ行くことにしたのだ。ロレーンはアトランタ大学と総合してよばれる五つの大学のうちの一つである。ロレーン在学中は図書館の司書の助手をして週に百ドル貰い、「エイボン化粧品」のセールスをやったり、ラジオ放送局で秘書をやったりして不足分を補った。そして一九六五年に図書館学で修士号を取ってミシシッピーへもどり、その秋からトゥガルー大学の司書になった。それ以来一度も職場を変えていない。もうそろそろ動いたほうがいいんじゃないかと思うけれど、という。大学のためにも、自分のためにも新鮮な空気が必要だと。職場の仲間は家族みたいで離れがたい……。

アトランタへ出るまでのミシシッピーでの生活では、どれほど自分が堅固な保護の中にいたのか気がつかなかった、とヴァージアはいった。

「アトランタで大学に行ってた時は、わたしはほんとに素朴だった。それまであまりにも護られてきたから。パイニーウッド学校では学校が時間割を全部きめてくれたし、ジャクソン州立大学では自分で時間割をきめたとはいっても、まだまだそこの環境は黒人の『大家族』みたいなものだった。当時ジャクソン州立大学は黒人だけの学校で学生数は一千名だった。密接な関係の中で暮らしていた。現在は誰でも行ける。学生数は一万になってて。

そういう所からアトランタへ行って、ある男性に会ったの。ミシシッピーのトゥガルー地区の出身だ、といったのね。「おお、故郷の友よ」ということでね。パーティで会って、もう一度会って。そしたらそのうち、郵便局員になる資格試験を受けたいのだが、どうかな、故郷の友の勉強の手伝いをしてくれちゃ、というのね。いいわよ、とかいって、わたしは彼のアパートへ出向いたの。勉強を始めるのを待っていたら、酒なんか呑みはじめてね。そしてあげくわたしを強姦した。当時わたしは自分の乳房が小さいと、ひどく気にしていたの。彼はもしわたしが喚き声などだしたら、おもてへ連れ出して、髪の毛つかんで引きまわしてやるぞ！　そしたら世間はわたしの乳房が貧弱であること、そのためにわたしはブラジャーにパッドを入れていたことを発見するのだ！　とかいったのよ。

しばらくして、彼のルームメートが帰ってきた。助けてくれるかもしれない、と思った。ところがそいつもわたしを強姦したの。そして二人はようやく眠った。わたしがやっとのことでそこを逃げ出した時には、朝の六時になっていた。

学校当局は理解してくれて、その二人の男は校内立入り禁止になった。学校周辺でぶらぶらしている連中だったのね。ある朝教室を出て、道を歩いていたら、二人がいてね、わたしは立ちすくんでしまった。二人の態度は全然変わってなかった。ヴァージア、おいでよ、おいでよ、なんていって。車の中にいて警笛を鳴らして。でももうそれからはうるさくつきまとったりしなかった。医者へ行ってね。性病のことが心配だったから。妊娠するかもしれない――それは考えてもみなかったのよ」

そういう話をしてくれる時でも、ヴァージアのやわらかな声は変わらない。ヒステリックに声高になったりしない。暗く不快な記憶ではあるのだろうが、顔をくもらせない。光を放つ褐色の皮膚に翳りが出ることもない。

ある日の午後、子どもたちが昼寝をしていて、急に家の中がひっそりした時、ミシシッピーにおける黒人と白人の関係について、彼女はどう見ているか、たずねてみた。台所のカウンターをはさんで、スツールに腰かけたわたしたちは外のひどい熱気をおそれて小屋にかくれている止まり木の二羽の鳥で、缶詰の茹でたピーナツを食べていた。ミシシッピーへ出かける前に読んだエリーズ・サザランドの『獅子よ藁を食め』には、ノース・カロライナの老婆と幼女が茹でたピーナツを食べる様子が描かれてあったので、これは南部の食べ物であることを知り、ヴァージアにたずねたら、「缶詰ならいまここにある」といって出してくれた。缶詰の茹でピーナツは香りがなくなってしまっていて、サザランドの書いたように、「……間もなく湯気を立てて鍋に熱い湯が沸き、ピーナツのにおいが立ちこめると、小さな家は喜びではちきれそうになった」という具合にはいかなかったが、わたしはその場にふさわしい物を食べているような気持にはなった。開けなかったもう一缶は東部へのみやげにもらった。

黒人と白人の関係について、ヴァージアは次のように話しはじめた。

「三年前、奨励金をもらって、マサチューセッツ州のマウント・ホリオク大学へ研修に行ったのだけれど、その時の体験は衝撃的だった。第一に人びとがあまりに豊かな暮らしをしていたこと。第二に白人は『黒人《ニガー》』にはあいさつもしないこと。朝通りで、おはようといっても、誰もあいさつを返さない。わたしはその時南部人の親切や他人への厚遇の態度をなつかしく思ったのね。人びとのうしろをついて行って、おはよう、おはようといい続けた。南部における黒人と白人のまじわりがなつかしかった」

ヴァージアは南部の白人の黒人に対する圧迫や差別や偏見の醜悪さについて、アン・ムーディに共感する。それと同時に南部には東部にない、黒人と白人の日常的な交わりがある、とも主張する。白人の家庭で女中という仕事を経験した女たちは女主人から受けた劣悪な待遇や侮辱について語ることが多い。人種差別と偏見がかんたんに私刑《リンチ》や惨殺になって表現されることに対する戦慄についても多くが語っている。性的なはずかしめを受けたことについて、あるいはたえず白人の男性からの性的な攻撃から身をかわす緊張についても多くが語っている。けれどもその同じ女たちが南部には東部にはない黒人と白人の交わりがある、とも主張する。解放後も村落共同体の構造の中で共存しなければならなかったという歴史的な背景があるからかもしれない。少なくとも南部の白人はよかれ悪しかれ黒人の存在と折り合いをつけることを強いられてはきた。日常の暮らしの中で。一方東部の都会ではゲットーが成立して、黒人の人口は空間的に隔離されたかっこうになってしまい、大多数の白人は人種の問題や奴隷制や、歴史的事実と抽象的に折り合いをつければそれですんだということかもしれない。いや、それは空間的なへだたりのせいだけではない。精神的な隔離といった方が正確かもしれない。町で見かける黒人の姿、ビルの雑役夫である黒人の男たち、掃除婦である女たち、彼らは直接に渡り合うべき対象として存在せず、目の前にいながら目には映らない存在としてあり続けたのだろう。ラルフ・エリスンが描くように「見えざる人」となったのだろう。

南部では白人の生活から黒人を除外して考えることができない、ということは、黒人の生活から白人を単なる圧迫者として除外してしまうという単純な引き算もできない、ということだろう。

ヴァージアは公民権運動の黒人と白人の共働の時代が終わって、ブラックパワー運動へと変化したことによって、彼女の職場にあった日常の正常な交流は終息してしまったといった。「それまでは一緒に学び、遊び、眠っていたのに」

「アン・ムーディの『ミシシッピーの青春』のことは？」

「わたしもアンが描いているのと同様の差別と迫害の空気の中で育ったの。そして彼女のように、わたしの家族も貧しかった。アンは勇敢な人だったのね。わたしはそつなく振舞えといわれて大きくなって。わたしはジャクソン州立大学にいたから、もし運動を手伝ったら放校されていた。州立大学の規則だったの。わたしはともかく大学を終えることが先決だと考えていた。わたしの家の最初の大学卒として。

アンにとって運動に加わっていた時の体験はあまりにも衝撃的だったから、いまでも彼女はこの先どうしたらいいかわからないままなのね。本が出て、ずい分あちこちで講演をしたけれど、それもいつの間にか依頼がこなくなってしまった。彼女はどうしてそんなことになったのかわからない。あの著書がもうはやらなくなってすたれつつあることを受け容れきれないでいると思う。

わたし自身の経験からいうと、ひどい圧迫を受けてきた、とはいえない。……パイニーウッド時代……そうまだ子どもだったけれど、白人の家へ行って掃除して働いた。ある日雑巾がけしていたら、その家の十代の息子が言い寄るみたいなことをしたの。わたしはモップとバケツを置きっぱなしにして、奥さんに、あとは自分でやってください、といって帰ってきた……そんなことはあった。クリスマスになると、製材所相手に商売している店が「黒ん坊の爪先《ニガー・トーズ》」という名の木の実をわたしたちにくれてね。弟がその店の外まわりを掃く仕事をやっていたら、店の人が、ほらニガー・トーズでも食べなよ、といってくれた。わたしたちはそれを貰って食べて喜んでいた。木の実の名の意味のひどいことには気もつかないで。肉が厚くて、甘かった。

その店では何もかもつけで買ったっけ。町のその店へ行って小麦粉一袋、とうもろこし粉、砂糖、アイスクリームなど買ってくると、そのあと、一日ぐらいはたっぷり食べられた。店にはいつも借金がたまっていた。でも個人的な体験としてひどい差別は記憶していないの。パイニーウッドでは学校は白人と黒人と一緒に勉強していた。教師は白人で、年配になって退職してから教えにきていた人が多かった。定年退職する前にそれまで教えていたところを辞めてきた教師もいた。立派な教師たちだった。白人は白人だけの建物に住んでいて、黒人は黒人だけの建物に住んでいたけれど、わたしはむきだしの人種的優越感に触れたことはなかった。

黒人に対する差別や侮辱については、わたしはいつも個人的な場で取り組んできたのね。ある日銀行にいたら、白人の女性の行員が黒人の男性を『ボーイ』と呼んでいた。ガソリンスタンドを経営している男よ。わたしは、失礼ですが、おとなの男性をつかまえてボーイと呼ぶものではないでしょう、といったの。するとその女は、あたしは家では夫をボーイと呼ぶわよ、と答えてね。そうですか、自分の家ではそういうことをする場合もあるのでしょうが、銀行の窓口ではそれはまちがっているでしょう、とわたしはいったの。銀行はその行員をやめさせた」

「六〇年代、七〇年代と、少しはよくなったと思う？」

「変化が起きた。アトランタから戻ってトゥガルーに就職したころ、黒人と白人の間には親密さがあった。でもブラックパワー運動の時代になって……。はじめてトゥガルーへ行った時に親近感を抱いた白人の職員にはいまでも同じような気持をもっているのだけれど、もう一緒になにかするってことがなくなってしまったの、もう一緒に遊びに出かけたりしなくなってしまったの」

「ブラックパワーの時代がきてからなのね？」

「そう。彼らは安心して楽な気持でいるということができなくなってしまった。とても親しくしていた女友だちがいたのだけれど、彼女はそういう変化に耐えられず完全にまいってしまって、ついに町から去って行ってしまった」

「東部ではかねてから差別待遇廃止ということが論議はされてきたけれど、実際にはどうなのか、ということがあるわね。ボストンなどは、学校のことから見れば、白人と黒人の隔離の程度はもっとも著しいとか。南部では醜悪な歴史的な事実と並行して、白人は黒人と日常的に何らかの形でまじわらなければならなかったという事実もあるのね。北と南のその差異は基本的なものであると同時に、南部における白人と黒人の人間関係に一筋縄ではいかない性格をもたせることになっているのでしょうね」

「両者は依存の関係にあったともいえるのね。個人的な場で日常的に関係を結んできた。でも、学校における隔離が撤廃になったことで黒人の学校教師が職を失う場合も多かった。あるいはひどくとまどった場合もあった。それというのも、黒人の教師たちは黒人の子どもたちを励まし意欲を持たせる方法は知っていたけれど、教室に現れた白人の子は親たちにまさるようになる必要などないわけだから、どうやって教えてよいものやら判断できない、というようなことがあってね」

「人間関係にひびを入れるようなことが起こったとしても、運動もさまざまな変化も、起こるべくして起こったと思う？」

「そう。起こるべくして起こった。それ以前はほんとにひどかった。じつにじつにひどかった。ある人種がある人種より優れていると考えることができたなんて。白人の態度はあまりにも侮蔑的だったから、わたしたちも、黒人であるというのはまったく人間としての価値を持たないということであると、ふと考えてしまうほどだったのだから」

「トゥガルー大学は開校以来、かつて隔離主義をとったことはなかったのね」

「すばらしい学校よ。自由の気分がみなぎっていて、公民権運動の時代には運動の拠点となっていた。州立大学はだめだったし、白人だけの学校は問題外だった。トゥガルーは私立だから、思うようにできる。開放的で。ロバート・ケネディがやってきたこともあった。キング牧師が本部を置いていたこともあった。SNCCその他の組織の連盟の本部もあった。逮捕される怖れを持たずに活動できたのはここだけだった。外部からきた活動家と共働して、消防ホースで水をかけられ、逮捕され、農産物見本市会場に留置されたのはトゥガルーの学生たちだった。

一九六五年にトゥガルーに就職したころには、黒人と白人はなんでも一緒になった。一緒に飲んだり、暮らしたり、眠ったり……黒人のナイトクラブへ出かけたり。この学校にはいつだってお金はなかったけれど、自由はあった。ブラックパワー運動や黒いことは美しいというスローガンのはやった時代をわたしたちとともに過ごした白人の教師たちは、いまだにトゥガルーで教えている。献身的な人たち。その気になれば、いつだってよそへ移ることのできる人たちよ。学生は食事と寮のことで不平をいうけれど、教育の内容については不満を口にしていないと思う。アフリカの生徒、イランからきている学生もいる……。

創立は一八六九年で、創立者は全米宣教師協会だった。建物は一八五〇年代に建てられた。当初は高等学校として開校してね。黒人、白人……誰でも望む者なら教育することになっていた。でも一九六五年にはじめて黒人の校長が任命されるまでは校長はずっと白人だった。……そんなに長いこと……」

トゥガルー大学はよい所だし、職場の仲間も家族みたいで離れがたいけれど、そろそろ生活を変えてみたいと思うとヴァージアはいう。また学校へ行って、こんどはコンピューターのことでも仕事にしようかしら。一歳のカーラが少し大きくなったら母子三人で旅に出ようとも思う、ふたたび結婚しようかと考えたりすることも時にはあるけれど、そうはしない、と考えている。

「結婚のこと話すのはつらい?」

「そんなことはない。話すといいみたい。精神の療法になるみたいで、夫との問題を抱えていた時に、話す相手がいたら……いつわりの生活をするかわりに。言葉に出して考えてみることができていたら……。

彼はとても魅力的な男性でね。人なつこいし、おしゃべりで、ハンサムで、友だちもすぐできるようなひとで。パイニーウッドでの子ども時代から、わたしは彼に惹かれていたと思う。軍隊で大尉になって帰郷した時には、もううっとりするようにすてきで、女の子たちは唸ったものよ。

一九七〇年の夏、彼はジャクソンの町に現れた。愚かしい妻がいてね。妻は彼を置いてどこかへ消えてしまった。わたしたちは一緒になって。ロケットみたいな恋で。わたしはそれ以前からずっといつだって彼に対して性的な欲求を感じていたのだと思うね。とても愛していた。わたしは十分収入があったから、彼のそれまでの間違いなどにも気を留めなかった。働く気分になれないんだ、というから、いいじゃないの、わたしが面倒見るから、といった。

わたしの上役の夫ジョージと彼が電気工事の会社を始めてね。ジョージとわたしが少しお金を出して。ジョージが仕事をしている間も、彼チャールスはウィスキーを呑んでいた。何もしないで寝転んだりして。ひどく不満な気持を抱いて。タスキーギ学院で電気工学の学位を取っていたのに。ジョージは八年くらいしか学校へは行っていなかったけれど頭のいいひとで、チャールスから学べるだけ学んで免許を取ってしまった。でもチャールスは全然やる気がなくて。

黒人の男性は女性の助けが必要なんだ……そう思ったのね、わたしはなんとか彼にしあわせな気持になってもらおうと、あらゆる手をつくしていた。でもヴィッキーが生まれて、おむつだとかミルク代だとか、こまごましたことにお金がいるので、苦しくなってきた。彼からお金を受け取りたいと思ったけれど、空約束ばかりだった。金曜日まで待っていろ、金曜日まで待っていろ。そんな風で年に千ドルぐらいしか渡してくれなかった。

七六年。彼の前の妻が電話してきたのね。わたしは彼と離婚しようと思っていたのだけれど、彼ときたらまだ最初の妻と離婚していなかったわけなの」

「法的には重婚になっていたの？」

「そう。わたしはヴィッキーが生まれて間もなく離婚の手続きをしようと思ったの。ヴィッキーのために、お金をとっておいたでしょう、タンスの抽出しの中に、赤ん坊のために。それが失くなっていた。銀行へ行ってお金を引き出してきてと頼むと、行くには行ったけれど、車の中に置いておいたら、誰か押し入って盗んだ、なんていう。全部飲み代にしてしまって。わたしのハンドバッグからもいつも盗んで。自分の家の中に財布が置いとけなくなってしまった。

酒は、いつだって止められるさっていってた。おまえのほうが量は飲んでるんだぞ、ともいってた。わたしは飲んだって酔っ払ったりしない。彼は飲んだらおしまい。べロベロ。とてもきまりが悪かった。飲酒が原因で逮捕されたことはないけれど、赤信号を突っ切ったりする。玄関口までどうにかたどりついたとしても、そこでばったり倒れてしまう。ヴィッキーは、とうさん、目を覚まして、とうさん、目を覚ましてといってね。そんな時はもう殺してやりたいと思った。何週間も酔ったままが続くと、入浴もしない。二週間も下ばきを替えない。『それでもなお、わたしがあんたを愛してると思うの！　一緒に寝たいと望むと思うの！』

もううんざりしていたから、先妻が電話してきて、彼に戻ってほしいと思っているのだけれどというから、どうぞ、迎えにきてくださいっていった。彼女はここへきて、一週間ぐらい泊まっていった。わたしが彼にいてほしいと思っていないことは、彼にはわかっていた。二人でいろいろ話し合っていた。彼女は食料品を買ってきなさいといって、ヴィッキーとわたしにおいしいもの食べさせてくれたわ。彼女は料理がとても上手だったから。

木曜日、彼女は香を焚いて、彼をまじないにかけようとした。わあ、こりゃ大変、気味の悪い香を焚いて、わたしにもまじないをかけようとしている！　そう思ったから、もう話し合いもついた頃と思うから、といったの。彼女は唸り声をあげ、祈り、泣き叫んでは、あんた、一緒にきてよと懇願するのだったけれど、彼はタクシーを呼んで、おれの人生の邪魔はするな！　といった。どしゃ降りの雨の日で。

彼と一緒にいたいという女がいたのに。わたしは彼とは一緒にいたくないというのに、彼はそのわたしのほうがよかったのかどうかは知らないけれど、少なくとも気が楽だったということだったのね。彼はどうしても出て行かなかった」

ヴァージアはマウント・ホリオク大学の研修の奨学金をもらって六カ月の予定で出かけた。ヴィッキーを一緒に連れて行った。彼女は四歳になっていたから、保育園で預かってくれるので。一日四時間程度預かってくれただけだったが、保育料はひどく高かった。奨学金の手当の半分は保育園への支払いで消えた。一日中働かなければならない母親のために開かれている保育園はごくごく稀れだった。

ところで、ヴァージアの家を出たチャールスの前妻はホテルに泊まるようになり、夫を取り戻そうと「フリーメイソン」の団長やジャクソン州立大学の教授たちなど、手当たりしだい電話した。トゥガルー大学の教師や学部長連中に手紙を出したりもした。内容は彼は重婚者であること、ヴィッキーは彼の子とは思えないなどで、ともかく彼が彼女の元へ戻るよう説得されたし、というものだった。ヴァージアは町中の噂にのぼった。けれども人びとはヴァージアがその前妻を彼女の家に泊めてやるほどの親切を示したことも知ってはいた。「わたしは髪の毛を掻きむしったものよ。なぜこの女はこんなことをするのだろう？　わたしのこの町での評判を台無しにするのはなぜか？」彼女は朝の四時、五時に電話してきた。電話の交換手までが、このひと嫌がらせをしてるんですかとたずねたほどだった。そうですとも、でも、彼女がうるさいからというだけで、わたしは番号を変えたりはしませんよ、わたしのほうが彼女より強いのです、とヴァージアは答えた。

「マウント・ホリオクから帰ってきたわたしはジャクソンを留守にしていた間、自分はほんとはチャールスに会いたくてひどく寂しかったと気がついたのね。彼は飲むのもやめていて、就職もしていて……わたしの母の家に住んでいた。ヴィッキーもひどく寂しがっていた。そうか、それならやりなおしてみることはできる、とわたしは思った。七八年の六月のこと。

彼は清潔にしていて、毎日勤めに出た。そしてわたしはカーラを妊娠した。十一月のこと。十二月、彼はふたたび飲み始めた。

わたしはほんとに惨めだった。あれはひどい妊娠だった。だからカーラはいつもけんかばかりしていて、ヴィッキーみたいにやさしくないのじゃないかしら。肉体的には正常な妊娠だったけれど、精神の緊張がいけなかったと思う。彼を心底から憎んだの。十一月、わたしは母のところへ移った。離婚の申し立てをして、弁護士がようやく彼をわたしの家から追い出したのは十二月三十日だった。こんなふうなままで、八〇年代を迎えるわけには行かない、とてもできないと思った。

いまでは彼とは話はするの。話をすると必ずいつ仲直りするつもりか、子どもたちはいつになったら満足な家庭をもてるのかとたずねるのよ。仲直りして元にもどるなんてことはもうありえないのですよ、とわたしは答える。わたしはしあわせだし、生活も静かで、このままがいい。彼は相変わらず子どもの養育費も出さないけれど、わたしはしあわせなの。わたしの経済状態もなんとかなる。だからね、わたしはふたたび蘇り、立ち上がろうとするひとりの黒人の女——。子どもたちと旅をしたい。カーラもその頃には大きくなっているから、旅行もできる。

ヴィッキーに、とうさんがいなくて寂しいかとたずねると、そうでもないよ、という。彼がいないほうがむしろいいのだと、やがてわかるようになると思う。いてくれても、怒鳴り声を上げたり、悪臭をぷんぷんさせたり、彼女を惨めにさせるだけだと。そのことはかなりわかっているようなの。カーラに父親のことを説明しなければならない時機がきたら、これは難しいかもしれない。でも父親の不在という条件のもとで大きくなっている子どもたちはたくさんいるのだから。カーラにもひどい悪影響がないようにと願っているの。ほんとのことを伝えようと思う。そのほうがすこやかに成長するのじゃないかしら」

ヴァージアのやわらかな声は変わらない。けっして他の人に起こったことを話すようにつき放して語るわけではない。けれども自己憐憫の感情に圧倒されてしまうこともない。憎んでいた、殺してやりたいとさえ思ったと直截に語る彼女は顔を歪めることもない。とどのつまりはそんなことにはならず、ひどい動揺の時期をくぐりぬけ、こうして生きのびてきたのだから。

チャールスはどうしてそういう風になったのだと思うかと、わたしはたずねた。彼のこころにひっかかることはなんだろうと。ヴァージアはよくわからない、といった。軍隊にいた頃の体験かしらとも思うけれど、でもレーダー員だった彼は軍隊の体験を愉快なこととして語る、という。チャールスの父はパイニーウッド学校の第一回卒業生だった。母は学校の教師だった。家の中には酒など全く置いていないような家庭生活で、外へ出てからのチャールスは、おれだって男だということを証明するために飲み始めたのじゃなかったかと思うと。そして中毒者になって。血圧も高いし、おそらく糖尿病もあるのではないかと思うとヴァージアはいう。「職場では昇進の機会があったこともあった。ジャクソン市の役所に勤めていた頃は、白人の係長なんかチャールスよりずっと知識も浅かったから、完全に頼っていたのね。飲酒の問題がどうかなれば、と役所はいい、州立の精神衛生診療所へ行ってみなさいとすすめた。三、四度行ってみて、チャールスはあそこの精神医は気がふれてるといって、やめてしまった。市の電気工事課では、最高の地位まで行けただろうに」とヴァージアはいった。

「そうね、気高い女性が現れて彼を立ち直らせるとか、そういうことが必要なのかもしれないけれど」

「黒人の女は強い、という通説はどう思う」

「家長たる母とかね……女だって人間にすぎないのに。強き女であれ、そして男を支えろ、云々云々というのが、わたしがチャールスのことを耐えようとしたことの背後にあったと思う。自分の人生なんかなくなって、呼吸する場もなくなる」

「自分は強くなければいけないのだ、と女たちに思い込ませるのは何だと思う」

「パターンがあるように思うの。黒人なら誰でも、自分の人生のどこかで一度は強い女に触れた体験と記憶があるわけね。あらゆる手をつくして、自分を売ってでも、死にもの狂いで子どもに食べさせて。女たちは必ずやそのようにしてやりぬくということを男たちは知っていたから、彼らはそのことで自分たちは無力だと感じたのかもしれない。女がやってくれる。自分はしなくたっていい……、都市の女たちはどうなのかしらね、シカゴとかニューヨークとか……わたしが育ったのは、とても辺鄙な土地だったから……。

『三人の女』という題で物語を書きたいの。わたしの母とわたしと妹のこと。男たちのことで。男たちは自分たちがなんともみじめだと感じてる……あるがままの自分から出発できないものかしら……男と女のことを書かなければと思うの。わたしの家ではずっと女たちが男たちに仕えるようにしてきたことについて書きたい。あんたたちは坐っててていいよ、わたしが全部やるから……、料理して、料理をお皿に盛って、ちゃんと食べているかと、その姿を眺めて、皿を片付けて洗って、こんどはお風呂に水を入れて。子どもたちのからだを洗ってやっている間も、男たちは何もしないでいてね。男たちがとっとと寝てしまったあとも、女たちは床を洗っている……ずっとそんなことを繰り返してきた。母はいまでも息子たちにはそうやってる」

「妹さんは工場で働いているのね」

「電気メーターの組立てをやっている。十五歳で結婚してね。相手は同じパイニーウッドの出身で、幼い頃からの友だちだった。妊娠したので結婚したの。というよりむしろ、子どもが何人もできたので結婚したの。母は性について何も教えなかった。妹には七人の子どもがいるの。男の子五人と女の子二人。ずっと働き続けてきた。夫はまあ働いい、い、いている、といったらいいような。いまでは以前より責任を持つようになったけれど。妹を殴ってばかりいた時期があってね。妊娠しているのに、お腹を蹴りつけたりして」

「妹さんは一日中働いて、そして家事をして。子どもたちも家の中もとても清潔にしてあって。子どもたちは物静かでやさしい感じがしたけれど。大きい男の子たちは父親のように女を殴ったりすることで男らしさを証明するのがよい、と考えているのかしら」

「父親が母親をよく殴っていた頃、子どもたちは父親を殺そうと相談していたの。長男がわたしに、殺すんだといったし、長女もわたしに、殺すんだ、といってね」

「しばらく別居していて、また一緒に暮らすようになったという話だけれど、いまでも殴るのは続いているの」

「周期がある。まだいまでもやってるのじゃないかと思う。以前よりひどくないけれど、ひどく口ぎたなくなることはある。市役所で働いているのね、いまは。立派な職員みたい。きちんとしていて。そばにいて彼が話をするのを聴いているのは楽しいのよ。おもしろいひとでね」

女たちの生活について話をしていた時、ヴァージアは彼女の女友だちの多くがいつの間にか夫と別居したり、離婚したりする結果になっていたと話した。そして独身で子どもを育てている大勢の女たちがいること。それと同時に女が夫を射殺したケースが最近二件あったのよ、ともいった。

「射殺は殴られた妻たちの復讐だったと思う。肉体的に痛めつけられることに耐える限界まできて、自分を破壊するものを破壊しなければならなかったということだったと思う。

浮気した男の陰部に熱いおかゆ《グリッツ》を浴びせる女たちもいる。六〇年代にそういう話を聞いたっけ。おかゆはべったりくっつくでしょう？　昔はね、女たちは灰汁《あく》を浴びせたものよ。男たちはたがいに圧力をかけ合うのね。おまえはセックスがうまいか？　そして彼らはひどく自信がないわけ……」

基本的には性に関するこだわりが多すぎる、世代から世代へと受け継がれてきたこだわりが多すぎるからだ、とヴァージアは感じている。男たちは「性はよろしくないこと」と考える態度を維持しつつ、なおも「うまいかどうか」に重点を置く矛盾に気づいていない、と彼女はいった。ヴァージアは詩人でもあって、彼女の詩は官能的な作品が多い。女性の朗読グループがあって、その集まりで朗読する。


チャールスとの関係の破綻から立ち上がるのを助けてくれたのは、一人の男性だった。あなたが夫と別れて生活に平和を回復したいと願うことは正当なのだ、と励ましてくれたのはその男の友だちだった。彼はシカゴの出身だが、両親がすてていかなければならなかったミシシッピーの土地に戻ってきた。二、三人の仲間と一緒にデルタに黒人経営の縫製会社をつくり、利益で黒人の文化センターを建てたいといっている。

このままでは子どもたちは駄目になってしまう。何が大切なのかわからぬまま破滅してしまうという危機感をもっている。三十代、四十代の男たちである。ある晩この連中がそのことを話してくれたのだった。そのうちの一人は「黒人は眠らない民族だ」と繰り返しいうのだった。眠ったら白いシーツを被った連中が戸口まで迫っていても気がつかないなんてことになるからさ、眠っちゃいけない、と笑いながらいうのだった。彼は帽子をとらない。眠らない、というのと同じ理由からだろう。彼らは「黒人の女たちのことを書くのはいいことだ、彼女らの中に歴史の苦しみが凝縮されているのだから」といった。そして「女たちのことを書き終わったら、こんどは男たちのことも書いてくださいよ」というのだった。この人たちだったら、男たちの話をどう聞けばよいか、その糸口を示してくれるだろう、とわたしは感じた。おそくまでがやがやと話していて、ようやく皆が眠ったのは午前三時半頃だった。わたしは音をたてぬように荷造りして、五時にヴァージアの家をそっと出た。いろいろありがとう。さようなら。もう帰らなければならなかった。家人ももう二週間ほうってあった。

草の根から

八〇年代の黒人運動で重要な役割を担うようになるものの一つは、低所得者世帯用にといって建てられてきた公共住宅の住民の「住民組織」が行なう活動だと思う、とトニ・ケイド・バンバーラは語っていた。長いこと、アトランタの公共住宅住民の組織化と生活条件の改善のために活動してきたミセス・アニー・ミラーに会ったのは、一九八〇年七月だった。彼女の聞かせてくれた話は、貧しさの中で誇りと威厳とたたかう意志を持続させてきたひとりの女性の生が、他に向かって開かれていったその軌跡を、わたしたちに示してくれる。

わたしは一九二九年に、ジョージア州の小さな町ロームというところで生まれたのだけど、十三番目の子でしたよ。下にもう一人生まれてね。いうまでもなく、わたしの家はひどい貧乏をしていて。父のことは憶えていないの。わたしが幼い時に死んでしまって、母を子だくさんの後家にしてしまったものだから。

子どものころのことでいえば、あたしたちは不幸だった、とはわたしはいわないけれど、ただ極貧の暮らしだったことはたしかですよ。母はいいひとだったけれど、弱々しかった。母は、父はとても意志の強いひとだったというのね。母はわたしに腹を立てるようなことがあると、必ず「おまえは父さんにそっくりだ」といってね。父はわたしには何も残して行ってくれなかったけれど、意志の強さだけはくれて行ったのね。それでわたしは今日まで支えられてきたのですよ。母のことは好きだったけれど、彼女のようになってはならないと決意していたもの。もっと強くて、子どもたちのためには外へ立ち向かって行くようなところがあったら、子どもたちの苦しみはもっと少なくすんでいただろうと、わたしは考えるんですよ。けれどもその母は福祉手当で暮らそうと考えてはならないと、そのことは子どもたちに教え込んだんですね。母が福祉事務所へ行ったのは一回きりでしたでしょう。事務員は皆白人だったし、黒人は福祉手当なんてものについても、ほとんど知らなかったころのことです。福祉手当はもらわないで生きるほうがいい、とわたしは思うの。かたわになってしまう。さまざまなプログラムはいいと思う。訓練を受けて技術を身につけたり、一定の教育を受けたり、そういうことで独立できるようにするのが正しい方法だと思うんですよ。

母は病弱で働くことはできなかったから、姉たちと兄たちが働いてね。たった一度だけ福祉事務所へ行ったその時、母は「子どもたちに栗鼠や兎を捕えてこいといえというんですか？」と係の人にいってね。

わたしは九歳になった時から働き始めて。車椅子に坐ったきりの女の人の世話をするということで。わたしの仕事というのは、その人の足を洗うことだったの。白人の女性で。週給七十五セント(百六十円くらい)を母に渡していましたっけ。おとなになったら、ひとの足を洗うようなことを仕事にしてたまるか、とわたしはその時固くこころに決めたのですよ。あれ以来、ひとの足なんか洗ってない。あっはっはっは。ほんとにそうなの。

わたしが初めてアトランタへ出てきたのは、一番上の姉が移ってきた時だったのね。姉には子どもがなかったので、わたしは彼女の娘みたいなもので。とてもよくしてくれて。わたしは病弱だったので、ちゃんと食事をしているかどうか、いつも注意を払ってくれたのですよ。いまは七十歳になりましたけど、おもしろいひとです。わたしにはほんとによくしてくれて。悪いことをするたびに鞭で打たれましたよ。自分の子どもみたいによくしてくれて。とても意志の強いひとで、いつもいつもいつも働いていました。自分の楽しみごとなんか一度もしたことがないと思うのね、いつもいつも誰かを助けることばかりで過ぎて。長いこと結婚していたけれど、ある時夫と別れて、それからコネチカットへ行って、女中の仕事をして。この姉から色々なことを教わりました。物を無駄にしないことや……。ある時ね、「子どもがいたら、もうそれだけで人生はおしまいだよ。他には何も持てないよ」といってね。(短い間があって)それはだいたいその通りだわね。わたしは十七歳で結婚して、子どもをたくさん産みました。十三人産みました。生存しているのは八人です。

――アトランタへ移られて、ここで学校へ通われたのですか。

ここへくる前にロームでは、あまり学校へ行けなくてね。耳に障害があって。算数ができなかったのだけれど、それは耳が聴こえなかったからだった。聴力に障害があるとわかった時には、もう手遅れでしたよ、だから現在でも算数は苦手なの。でも読書は大好きでしたね。

アトランタへきて、ワシントン中学へ行き始めたけれど、途中で退学しなければならなくなって。母の世話をしなければならなかったから。兄たちは軍隊に入り、姉たちは軍需工場へ働きに行ってましたから。わたしが母と知的障害の弟の世話をしなければならないことになって。わたしが十二歳の時でした。その時は同時にドラッグストアで働かなければならなくてね。朝起きて朝食の用意をして、母を入浴させ、弟も入浴させて。

――おかあさんは病気されていたのですね。

そう。その上脚を折って。わたしは朝、家の掃除をしてから、八時半にドラッグストアへ働きに行くというふうにしばらくやっていたのだけれど、それでは家事を片付ける時間がどうしても足りなかった。店では、じゃあ午後三時から十一時までできたらといってくれて。店で働くのは楽しかった。色々なすてきな品物にかこまれていたから。よく働きましたよ。でも賃金は悪くてね。だから十四歳になった時、「アトランティック鋼鉄会社」へ出かけて行って、十九歳だといつわって雇ってもらったの。釘を造る仕事でしたよ。いまのわたしみたいに大きな軀をした女たちを雇い入れていたのですよ。わたしはそれほど大きくはなかったけれど、力はあったのね。機械の操作もできました。六十センチぐらい跳び上がって、機械に乗ってやったのですよ。

わたしが十四歳だとは誰も気がつかなくて、週給二十九ドル貰ってましたけれど、それは結構な収入でしたから、母のためにも、自分のためにもいろいろな物が買えました。でもこの仕事の経験から、自分の娘には絶対こういう仕事はさせないぞと決心したのですよ。職工長とけんかしなければならないし。若くて軀の恰好のよかったわたしに嫉妬する女たちともやり合わなければならなくてね。戦闘的になることをおぼえたのは、そのころだったのですよ。未婚で子どもを産むようなことはしない、とところに決めたのもその当時のことです。男たちにわたしの身体をもてあそばすことは許さない、と考えたのです。頑張って、負けなかった。貧しかったけれど、自分の道徳の基準はあった。自分の欲していることは何か、それはわかっていたから、たたかわなければならなかった。年上の男たちが若い娘たちに金銭を与えたりすることを知ったのね……引き替えに……。自分のどこにそんな力があったのかわからなかったけれど、頑張り通したの。一度、店からの帰り途に、男がわたしを引っつかむようにして襲いかかってきてね、ブラウスをぬがそうとして。わたしは死ぬほど怖ろしくて金切り声をあげて。家にいた母にはそれがわたしの声だとわかったの。ちょうど、まったく偶然に兄が軍隊から帰ってきていて、その男を捕えて殴りつけたのですよ。

――ちょっと時間がさかのぼりますが、お父さんが生きておられたころ、ロームではご家族は農作をしておられたのですか？

農作をしてました。父は凍死したのです。そうなのです。車を押していたそうなんです。父は転倒して、車はそのまま走り去って、翌朝父は発見されました。凍死したのです。電話がなかったから、父はきっと知り合いの家にでも泊まったのだろうと、家族は思っていたんですね。誰かの車がエンコしていてね。ボロ車だったのでしょう。父はそれを押してエンジンがかかるように手助けしていたわけ。雪の中に取り残されて。十三人の子どもと母を残して死んでしまった。

——土地はご一家のものでしたか。

いいえ。小作人だったのですよ。ただ働きをさせられていたのですよ。

——貧しかったといわれましたけど、食べ物も不足していましたか。

食べる物が十分にないことはしじゅうでした。子どもが大勢でしたから、食事中にはちょっとよそ見したら、もう自分のお皿は空っぽで。おとなになったら、食べたいだけ食べられる暮らしをしてやるぞ、と考えてましたね。わたしの子どもたちは十分に食べて暮らしてきました。そればかりか、ちょっと食べさせすぎたのですね。わたしと娘二人は肥満して、いまや食事制限しなくちゃならないほどですものね。サラダなんか食べたりして！　あっはっはっは。夫も食事というものはちゃんとしてなくてはいけない、という信条のひとですし。いつもお祈りしてから食べました。信仰深く暮らしてきました。

子どものころの話をしましょう。

小さな町の黒人には、全然なんの機会もなかった――。

ある時、食料品屋へ行ってね。その店のことは一生忘れることはないでしょう。わたしは飴の売台を眺めていたんです。わたしの家では砂糖はあまりなくてね。ほとんど砂糖は食べなくて。飴なんかもなかった。だから皆いい歯をしていて。それが運がいいことだとはその時は知らなかった――。わたしは飴がほしくて、ほしくって、じいっと見ていた。そこへ金髪で青い目をした子どもたちが入ってきて、わたしがいたカウンターのところへやってきたんですよ。次の瞬間、気がついたら、店主の男がわたしを店から放り出し、土手になっているところから突き飛ばしていた。そしてその男は、「黒んぼにおれの子どもに近寄ってもらっちゃ困るんだ」というのでした。

わたしは五歳でした。その時から、わたしは青い目をしているひとが好きになれなくなったんです。いまになってどうにか、いまになってようやくどうにか、青い目のひとを嫌わないでいられるようになったのだけれど。この歳になってどうにか、四十歳になってからどうにか、青い目をしているからといって必ずしも悪人というわけではないということが納得できるようになったんですよ。

母はそのことを保安官に報せましたけれど、保安官はやってきて「あの男はその子に怪我なんかさせてないね」といっただけでした。肩や腕は皮がむけて、血が流れていたのに。でもどうにもできなくて。わたしはただ泣くばかりでした。わたしは深く深く傷ついていました、からだだけでなく。あの傷から、まだすっかり回復していないのですよね。そして、その日から、わたしは戦闘的になったのです。どんなことをしたって、自分の家族は守ってきました。公民権運動に参加する機会ができた時には、そうしました。

ルービー・ブラックバーンという女性のもとで。

「リッチズ」の手洗所の件も、運動の一部でね。

――ダウンタウンの百貨店の「リッチズ」ですか。

そう。あそこは黒人用の手洗所がなかったの。ルービー・ブラックバーンと集会を開いて。そのあと、彼女が「リッチズ」に電話をかけたのでした。「リッチさん……」と社長にかけて、「いましも、店には子ども連れの女性が手洗いを使う必要に迫られているというのに、黒人は使えないとは……」といってね。リッチは店の中の誰かに電話して「店には黒人の女たちが使える便所がないというのはほんとか」とたずねてね。彼は新しく手洗所を作らせたわけですけど、それには「ニグロ用」と札が下がってましたっけ。

――「カラード」でなく「ニグロ」となっていたのですか。

「カラード」、「カラード」……きっと「カラード」となっていたんでしょうね。わたしは「カラード」という言葉が大嫌い。わたしのことを「カラード」と呼ぶ連中は大嫌い。よくない呼称ですよ。かつてはだいたいわたしは「ニガー」と呼ばれ、それよりちょっと気を遣う場合は「カラード」といったのね。……水呑み場も、一つは「カラード用」となっていましたっけ……。

あの当時は、いつも集会がありましたよ。わたしはよく出かけて行ったもの。わたしは遠慮せずに意見をいうたちですから、いうべきことはいつもいいました。そして長年の間には、少し効果が表れてきましたけれど、まだまだあるべき姿にまでなっていないのです。

わたしは公共住宅に住んでいて、たしかに寝室は五室あるのですけれどね。そこへ住むようにいわれた時には、バスすらなかったんですよ。わたしは働いていました。通勤の手段がなくて、失業してしまった連中もいたんですよ。バスは朝一台、そして夕方五時に通勤者を運んで帰ってくるのが一台というありさまでしたよ。わたしは当時住民組合の会長でした。わたしはバスを獲得してくるからね、待ってなさい、といったものです。委員会をつくって、アトランタ市交通局の役人と交渉しました。バスを走らせてやることはできない、という回答でした。

——それは何年のことでしたか。

一九七四年。バスを利用する客の数が少なすぎるというのが理由でした。その界隈は基本的には白人の居住地区だったからです。公共住宅の区域はそうではなかったのですが、その周囲は白人の居住地区だったわけです。公共住宅は全体が低所得層でした。

――そこには黒人と白人が一緒に住んでいましたか。

当時は白人も少し住んでましたけれど、おおかた引っ越して行ってしまいましたね。ともかく、わたしは仕事も休んで、役人にかけ合ったのです。バスを走らせてくれないなら、こちらにも考えがあるのだ、といってやりました。アトランタ市交通局の前にピケを張るつもりで、これは本気でいっているのですからねと。住宅へもどって、人を集めて、ピケのプラカードを作るようにいったんですよ。役所から電話があって、話をしたいからこいというんで、行ってみたら、週に五日間はバスを走らせることにする、という。日に三度、ということで。それではとてもだめだといって帰ってきた。また話し合いをするというので出かけて行ったら、週に五日、一時間半毎に一台出すというのはどうかという。わたしはそれでも満足しなかった、市長とか、その地域のことを充分に承知していなければならない立場にある役人を、わたしの家へよんでね。地域渉外担当のひとが、力を貸してくれて、ようやくバスが走るようになったのです。

一時間に一本ということで。これで働きに行く人にも足ができた。

白人の家族が引っ越して行くと、そのあとには黒人の家族が移ってくるというパターンがありましたね。白人は減りつつあったわけですけれど、トールウォーター小学校などは、わたしがＰＴＡ会長をやった時には、まだ生徒の九十九パーセントは白人でね。わたしには二組の双生児がいるんですけど、その中の一人、娘はそのクラスで最初の黒人の生徒だった。学校の中では、学童たちはいろいろちゃんと聞かされていて、あまりまずいこともなかったのですが、一歩学校の外へ出ると、おとなたちが娘を「黒い牝犬」なんてののしって。ひどいことでしょう？　幼稚園の歳の子どもを。石を投げつけたり。それも、もう七〇年代に入ってからのことですよ。わたしは学校の食堂で働いていましたけど、わたしの監督にあたっていた女性はわたしを嫌っていてね。このひとも青い目をしてましたっけ、「あんたをへこませてやるからね」といってね。わたしは「わたしの背骨を折ったりすることならできても、わたしの精神までくじくことはできないんですよ」と答えたものです。そのころからＰＴＡの会合に出るようになって、いつものようにはっきり意見をいう態度も変えずに、子どもたちが学校から安全に帰宅できるように万全を期すのはあなたの責任です、と校長にいったのです。そして住民には子どもを迎えに行くようにいいました。ある朝、女たちが、そうほとんどは低所得者でしたが……わたしたちは例外なく低所得者でしたから……働いていない女たちが棒や木の枝なんか手にして集まってね、わたしにもこいといったのでした。情況は少し改善されました。

男のひとたちにも集まってもらって、黒人の子どもたちの母親のための地区学校がいるのだと話しました。何か訓練を受けなければならないのだからと。わたし自身だって技術を身につける必要はあったわけですけど。大学へ行かなかったから。でもわたしはいつも就職できたんですよね。女中はやりませんでした。どうしても性に合わなかったから。でもパンを焼くのはとても上手でしたから、公立学校で働いてね。長いこと、パンを焼く仕事をしたんですよ。

そうこうするうちに、トールウォーター小学校のPTAの副会長になって。わたしに投票したのは大多数が白人でした。それから初めての黒人の会長になりましたが、生徒の大多数はまだ当時も白人でした。一九七四年のことです。しっかりしなくちゃだめだ、と考えましたよ。校長は白人で、PTAの中にもまだ差別が残っていて。会計係は黒人にならせるわけにはいかないとか。

わたしが会長になって、PTAは以前より多く募金もして、それで教材を買い、植木を買い、図書館を修繕したりしましたよ。予算がずっと増えてね。収入も支出も増えたのです。黒人なのだから、しっかりやらなくちゃだめなのだ、とわたしは思ってました。黒人の生徒だって、白人と同じような条件を与えられたら、同様の学習能力を示しますよ、といったら、校長と喧嘩みたいになってね。そんなのあたりまえのこと、誰にでもわかりそうなことなのに。黒人の子どもらはバスに乗ることさえ稀でしたものね。音楽を習ったり、家庭教師をつけてもらったりなんかできなかったし、「美術センター」や美術館や博物館へ行くこともなくてね。校長は反動的で、わたしは追放運動をおこして、もうちょっというところまで行ったのに、病気になってしまったの。

二度目の中耳炎の手術を受けたのです。こっちの耳は全然聴こえないのですよ。こちらは聴力は二十五パーセントしか残っていなくてね。でも障害《ハンディキャップ》じゃないんですよ。わたしはこれをわたしの「障害」だと認めるつもりはなかったんですから。聴力がなくなったのは、子どもの時に中耳炎の手術をしたまま放ったらかされたことが原因でね。お金がなかったから、ちゃんと最後まで治療してもらえなくて。医療の貧しさ。穴の開いたまま、放ったらかしなんです。

わたしは公共住宅地区に保健診療所を設けました。一九七五年から七七年まで、保健局に電話しつづけて。医療を必要としている幼児とか、子だくさんで市の保健センターまで行くことのできない母親たちのためでした。ある保健婦にきてくれと依頼しましたら、どういう問題があるのか書面にして提出するといいというので、いわれた通りやってみてね。ようやく月に一度、診療所が開かれる運びとなりました。

そのころ、アトランタ市住宅局の局長からその地区担当の社会福祉員にならないかといわれてね。当時は学校で働いてましたけど、子どもたちの通ってる学校じゃなくて、バスを三度も乗り換えて行くノースサイド中学校で、夫と別居していたこともあり、子どもたちのそばになるべくいられるようになるということもあって、引き受けたのです。

わたしはこれまで、やらなくちゃならないことはやってみる、というふうにして生きてきたんですね。わたしは率直すぎて、繊細さには欠けるかもしれませんね。何もかも、たたかいとらなければならなかった暮らしを送ってきましたから、レディらしくしていたことがない。カッカしてしまう。

ともかくその仕事の話があって、わたしは正式に応募して、この職につくようになったのです。この八月で住宅局のこの仕事も八年目になりますね。この仕事、引き受けてよかったと思ってます。いろんなひとを助けることができましたから。

おもしろい仕事ですよ。低所得者の住民を援助するのです。困ったことがある場合、それぞれ適切な役所に紹介する。

たとえばね、夫と別れて暮らしていたある女性がいてね、彼女は働いていなかった。わたしは彼女を訪ねました。家賃が滞納になっているので、様子を見に行ったわけです。彼女はぽつんと椅子に腰かけてました。家には食べ物が全然なくて。わたしが行くと、彼女は泣き出し、同時にいろいろ悪態をついたりしてましたが、ちょっとおさまったところで、いったいどうしたのだと、たずねたのです。彼女は食べる物が何もない、という。家賃のことはどうでもいい、「空腹じゃ家賃のことも考えられまい」とわたしはいったのです。待ってなさいねといって、わたしはキャピタル通りの「イアネスの家」へ行って、食料品を貰ってきました。J・オルスン・フォード神父が運営しているところですよ。

その後で、オキーフ通りの福祉事務所へ行って福祉手当を受ける手続きをしてね。当時は政府の余剰食糧の支給もあったので、福祉手当と、食糧の支給を受ける手続きをしてね。「このひとは何も食べる物がないのですよ。いま何か貰えませんか」とわたしは係員にいったのです。答は、いま暇がないから、予約をして戻ってきたらいいというものでした。わたしは「このひとは食糧品が必要なんであって、予約なんか必要じゃないんですよ」といって、「イアネスの家」へ行って市長に電話したんです。

それでやっと食糧品を手に入れることができました。

三人の子どものいたアル中の母親が独立して生活できるように助けたり、どうしても学校へ行きたいという女性に奨学金の申請の方法を教えたりもしました。

それに自分でやってきた料理の経験を生かして、住民に料理も教えました。みな何をどうやって作ったらいいかさえ知らなくてね。わたしはパンの焼きかた、肉のキャセロール料理の作りかた、蛋白質豊かな豆をどう料理したらいいか。鶏肉やじゃがいもの料理のしかたもね。ピーナツバターでクッキーを作るにはどうしたらいいか。トマトの使いかた。

——皆さんトマトの使いかた、わからないといわれたのですか。

あのね、政府の余剰食糧というのは質が粗悪というか味気ないものだから、皆棄てていたんですよね。だからわたしはそういう物を使っても、おいしく食べられる料理のしかたがあることを教えたんですよ。

——余剰食糧はどこで受けとるのですか。

政府が配給所を設けてね、自分の名前のアルファベットに従って列に並んで貰うの。家族の数によってくれる量がきまるのですよ。肉をくれることもありましたよ。「スパム」とか――。

――まずいのですか。

上等とはいえない代物だけれど、料理のしかたでいくらでも食べられるんです。わたしは羽毛のようにふわふわのロールパンの作りかたを教えましたよ。それと、どうしてか理由はよくわからないのだけれど……そう、あまりひどい目にあってきたからかもしれないけれど……わたしたちの連中のなかには、もう全然気力をなくしている者たちがいるんです。でも、頑張らなくちゃいけない。貧しいから、ということを理由にするのは、やめなくちゃいけない。他の国に比べたら、わたしたちそれほど貧乏じゃない。結構なアパートへ引っ越す。でもそこに住んでいる間にきちんとしないから、家屋がすっかりいたんでしまう。温水も出るし、冷水も出る。洗面所が二つあることだってある。台所の流し台もきれい。広さも十分。わたしはいろいろ読みますから、そういうことを承知している。

五歳以上の子どもがいたら、寝室二部屋付きのを借りられる。四人いたら、寝室は三つ。五人いたら四つ。

だから、わたしはワークショップなんかやると、若い女性を叱りつけてしまうんですよ。「しっかりしなさいよ！　ちゃんと家を清潔にしておきなさいよ！　子どもには予防接種を受けさせなさい！　病気の子はちゃんと医者にみせるんですよ！」と。

「あんたたちもわたしも、そう確かに差別を受けてきた。でも、あんたたちとしては、それに対してどうしようというの？　技術を身につけて職を得るの？　それともただ子どもを産み続けて福祉手当を貰い続けるだけなの？」というのです。

このごろ思うんですけどね、わたしたち昔のほうが互いに仲良くやっていたんじゃないかしら。お金なんかなかったけれど、道徳の基準は高かった。いま物質は多く手に入るようになったけれど、互いにいがみ合っているような感じで。物、物、といっているうちに、失われてしまう何かがあって。わたしはマーティン・ルーサー・キング牧師とともにアラバマで行進しましたよ。わたしたちは黒人を指導的な地位につけるために汗水を流したのに、しばらくは立派にやってくれても、そのうち連中は、わたしたちを助けてもらうためにわたしたちが彼らをそういう地位につけてやったのだということを忘れてしまうようね。

でも、わたしが一番苦しかった時に助けてくれたのはやはり黒人の女性でした。夫がアル中になったので、わたしは彼と別れたあとで、働き口もなくて……。二十四年の結婚生活のあとでね。一九七〇年、七一年ごろのこと。わたしが子どもを養わなければならなかった。八人全部。夫は自分の面倒も見られないような具合でしたから、できる時は、逆にわたしのほうから助けるといったふうで。わたしは子どもたちをなんとかしなければ、と思ってね。わたしは夫の元を去って。わたしと子どもたちはそれで少し楽になったのですよ。わたしと夫は喧嘩をしたとかそういうんじゃなかった。ただ子どもたちがアル中の者と同居しているという情況はとてもよくなかったわけです。

こういう社会で子どもをたくさん養わなければならなかった苦しみが、夫を飲酒に追いやったのでしょうか。

それに、夫はわたしが外で働くことをいつもひどく厭がっていたのです。でも何もないのに家にじっとしているなんてできなかった。八人の子どもたちに食事を与え、その足に靴がはけるようにしてやろうと夫は苦闘しましたが、彼の給料ではできなかった。で、収入の足しにしようと、わたしも再び夜勤で働くようになって。それでやって行けるようになったのですが、わたしも働かなければやって行けないことに対して、夫は時に腹を立てていましたね。夫はとてもやさしいひとでした。いいひとでした。わたしが出てから、七年間別居していました。

ところが彼は病気になってしまって、わたしは面倒を見ようと、引き取りに行きましたよ。だって夫は家族に対してひどいことをしたわけではなかったのですから。だから、こっちへきなさいといって連れてきました。大分よくなりました。六十歳ですが、もう酒も飲みません。別れていた時期は彼のためになりました、わたしのためにもなったのですよ。その間わたしはよその男のことを考えたわけではなかったし、夫としても同じでした。だから、夫はわたしは愚かな女だといったのですよ。わたしはともかくちゃんとしてください、家族とまた一緒になりたいのなら、然るべくそのことを示しなさいといったのです。病気になって、わたしが迎えに行くと彼はもう家族と離れて暮らすのはご免だと考えたんですね、いまでも「おまえは愚かで、気が強い」といってますよ。あっはっは。ともかく彼には行くところが必要だったし、わたしは法律上も彼の妻だったわけですものね。

――離婚はされなかったのですね。

いえ、いいえ。父さんはわたしたちの家族の一員なのだから、わたしたちが面倒を見る責任があるのだよ、とわたしは子どもたちにいってね。別居することになるのが厭なものだから、何かあるとすぐ病気になってしまう。夫が戻ってきてから、三年、いや四年になるかしら。

——愚かしい、というのはどういうことを指していたのでしょう？

夫は、じっとしていないで、なんとかしなければ、というわたしの強い欲求をどうしても理解できないんですよ。(差別撤廃のために)ランチ食堂に坐り込みをしなければ、と考えるようなことは、一度も理解できなかった。乗ってくるな、といわれながら、なぜバスに乗り込むのか、そのわけが理解できなかった。受け付けてくれるかどうか確かめるために、あれやこれや申請書を提出するわけが理解できなかった。

彼の出身地ヘンリー郡では、黒人は一切から除外されてました。彼らはそれを受容して暮らしてたのですね。だから彼は、わたしが「なんとかしなければ」と考えることが理解できなかった。そのことをどう表現してよいかわからずに、怖れを知らぬように見えたわたしを「愚かな」というふうにいったのですよ。公民権運動を一緒にやらないかと誘いましたが、ついに説得できませんでした。

——公民権運動では女たちのほうが頑張ったというふうに感じられますか。

そう思いますよ。男たちはおおかた仕事を休んで運動をやるというふうじゃない。立派な指導者もいましたが、女たちのほうが立派な指導者が多いですよ。社会と家族からの圧力にめげずに、献身的に頑張り通すのは女のほうが多い。

わたしだって、アラバマ州やジョージア州各地へ出かけて行った時には、いつもの二倍頑張らなくちゃならなかった。家族の食事の準備を前もってしておくこと……ちゃんと面倒見て、不足のないようにすること。それから夫に、行ってもいいかしら、とたずねる。「行け、行け」といわれたことはなかったのね。女たちはパンを焼いて赤ん坊のおむつを取り替える以上のことでも、もっと役に立てるということを、男たちがわかるようにならないといけない。それは生きることの一部なのだから。外へ向かって手を差しのべなければいけないのだから。

——そして、そういう性向を、ミラーさんは父上から受け継がれたと感じられるのですね。

わたしは母には全然似てない。顔かたちも似てない。母はとても美しい人でしたよ。皮膚が白くて、真っ直ぐな金髪でしたよ。目の色も薄くてね。父は背が高くまっ黒でした。子どもたちは皆父に似ています。母はおそらく二世代前に白人の血が混ざったのだろうね、といってました。母のその母の父親は白人だったのではないかしら。農場の主人がわたしの曽祖母に子どもを産ませたのではないかしら。そうやって白人の血が混ざったのでしょう。いうまでもなく、そういうことはそのままどうにもできなかった。母は、「できるかぎり色の黒い男性と結婚しなければ、と思っていた」といってましたが、その通りにしたのですね。

——なぜそういわれたのでしょうか。

できるかぎり色の黒い男性と一緒になれば、黒い膚の子どもができるから。母は白人からも黒人からも憎まれていると感じていました。白人の血が混ざっていることで、白人からも黒人からもひどい仕打ちを受けたと。「真っ直ぐな髪をして、瞳の色も薄い、おまえのとうさんは白人だな」といじめられることがないように、黒い膚の夫を持って、黒い膚の子どもを産むのだと考えたわけだったのですね。わたしの母や、母の母たちの時代には、白人の男に強姦されたり、性関係を持つようにしむけられたりしても、どうすることもできなかった。読書はずいぶんしてきましたけれど、白人の男が黒人の少女を強姦した罪で電気椅子に送られたという例はまったくない。一つもないのですよ。かつては、畑に出て働いていた、靴墨のように黒い男たちに、金髪で青い目の子ができるというようなことがあったんですよ、でも誰もどうにもできなかった。土手から五歳のわたしを突き飛ばした男が罰せられることはなかったように。白人の意のままにされて暮らしていた。黒人が白人に対して暴力を働くようになってはじめて、暴力は許せぬ、という発言が聞かれるようになったんですよね。

わたしは暴力はこころから厭です。うんざりしています。若い人たちを相手にやるワークショップでは、警官に逮捕されるようなことがあっても、抵抗して暴力を振るってはいけないといって聞かせます。……わたしの子どものころには「覆面騎馬暴力団《ナイトライダーズ》」が夜間に襲ってきたものだった……。

――ク・クラックス団ですか。

連中は「ナイト・ライダーズ」と自称してましたが、ク・クラックス団以外の何者でもなかった。わたしたちは電灯を消して床に伏して。ベッドの下に隠れて。わたしはいま五十一歳ですよ、こんなことがあったのもべつに大昔のことじゃないわけね。わたしたちは蹴られ、殴られ、唾を吐きかけられて。

だからこそ、わたしたちはアラバマへ行った。あそこへ行って、わたしは一週間滞在しましたけれど、子どもの世話があるんで引き揚げなければならなかった。わたしはキング牧師と一緒でしたよ。一緒に行進しました。彼はほんものの偉人でした。すばらしい人でした。相手が貧しいとか、教育がないとか、そんなことで態度を変えたりする人じゃなかった。誰に対しても王侯に対するような態度で接していました。ほんとに謙虚で。彼は神からの贈りものだったのですね。彼の前に彼のような人物はいなかったし、しばらくは再び現れることもないでしょうね。

わたしはね、PTAの会長をやってたところ、学校の通学路に歩道を作れという運動を起こしましたよ、でも、途中で病気になってしまった。でも、そのことがあってから、いろいろな組織に加わるようになってね。自分でも「自立《セルフ・ヘルプ》」という組織を作った。職場や住宅で差別を受けた、あるいは何かについて情報がほしいと思ったら援助する、という組織です。

——事務所を借りたりなさったのですか。

いえ、いえ、わたしの寝室が事務所です。ベッドの上にも、テーブルの上にも、書類やなんかが天井に届くほど山積みになってててね。集会もわたしの家でやります。自分で処理できない問題がでてきたら、適切な人に紹介する。そういう時はできるだけ黒人の女性に助けてもらう。彼女たちならわたしが真剣であることをわかってくれるし、ばかなことをいってる、などと考えませんから。わたしは大学へは行きませんでしたけれど、電話して、これこれこういう助力を得たいといえば、ちゃんと回答があるのです。どこにでも、黒人の女性が進出していて、助けてくれるのです。

——どこどこへ連絡すれば、どういう助力が得られるという知識は、単なる知識というより一つの特別な才能だと思います。

そんなふうに考えてみたことはなかったけれど……。わたしは自分がいろいろ酷い目にあってきたから、それで強情になってしまった……。

これまでで一番嬉しかった時はね、長女が高校を卒業した日でした。それまで、わたしの家では高校まで終えることができた者はいなかった。あの日は嬉しくて、泣いてしまいました。泣いたのは、あれが初めてといってもいいほどでね。彼女は実務学校へ行って、いまは州政府の公務員ですよ。次の息子は高校を出てからベトナムへ行って、それから大学へ行って。現在は日給八十七ドルで、市のジーゼル・トラックの修理をしています。次女は美容師になって収入もいい。上の双生児は二人とも大学へ行ったけれど、途中でやめて、息子のほうは「アトランタ工業学校」へ行って印刷とリトグラフを勉強して、いまは州政府の仕事をしてますし、娘のほうはタイプと速記を習って、「退役軍人病院」で働いています。その下の双生児は、一人は「タスキーズ学院」へ行って、将来は刑事法廷関係の仕事をしたいという。彼女ならできるでしょう。もう一人はコンピューター科学をやってます。末っ子は十五歳でね。そう、誰も彼も問題なくやってきたってわけじゃない。娘の一人は妊娠してしまった。わたしはもう死ぬほど失望しましたよ。でも娘は中絶はいやだという、わたしも中絶をそれほどいいとは思わない。黒人の子どもが養子になることは少ないので、わたしたちは赤ん坊をわたしたちのところで育てることにしてね。娘は学校へ戻りました。この子どもは、もう皆に大変かわいがられています。べつにわたしたちはこの赤ん坊のことを隠したりしなかった。

困難のあった人生を送ってはきましたし、いままでにあったことを全部あなたにお話しする時間もないけれど、「できないことはない」って、わたしは考えるんですよね、若い女性が、十八歳や十九歳でもう一生福祉手当で暮らすより手がないと考えているのを見たりすると、かんかんに怒ってしまう。福祉制度自体も、そういう女たちに機会を与える構造になっていないことにも腹が立つんです。子どもと家に閉じこもっているようにしむけるのではなく、外へ出て働けるようにしてやらなければ。保育園を設けなくてはいけない。福祉手当は子どもができてから、三カ月から六カ月ぐらいにしたほうがいい。さもなければ、もうだめになってしまう。だめになってしまうんですよ。お金のことじゃないんです。子ども一人当たり一月に百二十五ドル貰ったって、それで暮らせるはずはない。そこでボーイフレンドと一緒に暮らして、もう一人子どもを産んで、その子にも手当を貰う。そんなことでは……こういう女たちが何とか自立できるようなプログラムこそが必要なんですよ。

アメリカというのは保育プログラムのもっとも貧弱な国だと思いますよ。公共住宅の地区内に保育園を開設してもらうよう動きましたけれど、ついにだめでした。共和党政権になって、どんどん厚生関係の支出が削減されてしまうでしょうね、それがいつもの連中の手だから。

今年五十一歳になってね、やや疲れたとも感じるんですよ。運動的なところから身を引いてしまうつもりはないけれど、今度は大学へ行こうとも思うの。いま「アトランタ工業学校」へ週二回通って、タイプとコンピューターを習ってます。来年の六月には短大へ行こうと思っているのですよ。それが出発点です。わたしはずっと、いつだって学校へ行きたかったのですものね。

わたしの泊まっているアトランタの「スペルマン・カレッジ」のゲストハウスまで出向いて話を聞かせてくださったミラーさんを子どもたちが迎えにきた。車の中にはびっしり彼女の子どもたちが乗っていた。奴隷制廃止が宣言されて間もなく、東部の白人の篤志家たちが黒人の女性のために創立した女子大の「スペルマン・カレッジ」の樹木の蔭をぬけて、車が見えなくなった。暑い日曜日の午後。

たしかに、ミラーさんは話の途中で、彼女には片方の耳に聴力が二十五パーセント残っているだけだと述べられた。それをわたしは聞き洩らしたわけではない。ただその点をその時に追求して、では補聴器を使っておられるのですか、とたずねることをしなかった。それまでの会話で、わたしのいうことが聞き取れないという印象を一度も受けなかったので、「もっと大声で喋りましょうか」とたずねる必要さえ感じなかった。話を聞き終えて、外へ出て写真を撮らせてもらった時に、はじめて、彼女は読唇ですべて理解していることがわかった。「聴力を失ったこと、わたしはこれをわたしの障害だと認めるつもりはなかったんですから」というのは、そういうことだったのである。堂々たる体軀の彼女の前で、わたしは自分がさらにひとまわり小さくなったように感じた。

あとがき

北アメリカの黒人女性からの聞き書として記録した文章を、このようにひとまとめにして読み返すと、こころを開いて語ってくれた人びとの声がまた聞こえてくる。多くは初めて会った人たちだった。黒人として、女として、自らを生み出してきた女たちだった。先入観やせっかちな判断を頭から払いのけて、わたしはじっと耳を傾けたかった。寛容にこころを開いて語ってくれる彼女らにむくいるには、それしかなかった。彼女らの驚くべき雅量と、率直さと、暮らしの要素を意識化する能力なしには、この報告も書けなかったことだろう。聞くという行為の一つの結果としてのこの報告を可能にしたのは、いうまでもなく彼女たちである。

閉じこめられたくない、という気持を抱いてわたしは暮らしてきたと思う。永遠に傷つくことのないかに見えるにほん的な共同体意識や、図式に変身しがちな思想の数々に閉じこめられたくないと。意識をくり返し脱皮し、ひろびろと視野を開いて、生の実質をつかみたいのだと感じてきた。他者のたたかいを見ることは、とりわけ生の実質を語る力を持つたましいの遺産を受け継いできたかにみえる、これらの女たちの言葉に接触できたことは、それについて多くの手がかりを与えてくれた。はじけるように発せられた言葉に、わたしは一瞬自分の背中の表情さえ変えられた、と感じたこともある。

このように、この聞き書を記したわたしという者は、他者の理解ということを過程として考えているようだ。自らを生み出すためのプロセスの一側面であると。無色透明のわたしが耳を傾けるのではなく、自分は誰なのか、と問い続けながら、わたしをつくってきた私的な体験や、歴史の背景や、にほん人としての意識の質を問い続けながら、同時に相手のことばを、相手の、独自の体験と歴史を精神世界の脈絡の中でとらえ、わかろうとつとめることだ。一方的にアメリカのことや黒人女性のことを報告し、こちらの知識を増やせばいい、あるいは自己の成長のために利用すればいい、というものではない。拮抗する磁場はどこか、共有する磁場はどこか。ただ身をすりよせて行くことでもなく、ただ客観視する(純粋に客観視することなど、ありえないことだが)ことでもなく、わたしの思想の欠落部分を指示してくれるものを知るようにすることでなければならない。

それにしても、『思想の科学』誌に一九八一年七月号から一九八二年八月号まで、時折り中断しながら載せてもらったこの文章を読み返して感じるなつかしさは何だろうか。このたび、このように一巻にまとめることになって、連載した順序をそのまま残し、ほとんど書き直しも加筆もしなかった。わずかに触れただけで、報告できずに残ってしまった女性たちも多い。明らかに未完結の一巻である。

とはいえ、時間というものは勝手にどんどん過ぎるもので、聞き歩くことを始めた当時にはまだこの世に生まれ出てもいなかった娘も、そろそろ三歳になってしまう。ジョージアとミシシッピーを訪れた旅の時には、彼女は生後七カ月で留守番をしていたが、帰宅したわたしが食事を食べさせようとすると、大粒の涙をぼろぼろこぼして泣いた。父親の世話だけで留守居をしたのだから、父親に食べさせてもらいたいと泣いた。父親は「なぜ泣くのだろうか」とわからぬ風情だったので、「あなたでないといやなのよ」と渡したら、泣きやんでぱくぱく食べた。その娘ももうことばを使うことができるのだ。「あなたは天使だね」といえば、「ちがう、あたしはろばだよ」という。彼女が去年の八月から頑張って保育園へ通うようにしてくれたから、この報告を書くことができた。夫デイヴィッド・グッドマンもあらゆる面で助けてくれたから、書くことができた。ぐずのわたしもこの二人が真剣なおももちで暮らす連中であるために、あまりぼんやりしていられないのだ。

最初の四章は一九八一年の冬と春に東京で書いた。そのあとは、アメリカのカンサス州で書いた。話を聞かせてくれた女たちに関するこの報告で、彼女らの姿がわたしの矮小さのためにひどく歪められてしまっていないことを祈りながら、報告を共有してもらえればうれしいとも思う。

なお、表題の『塩を食う女たち』は、トニ・ケイド・バンバーラの *The Salt Eaters* から、彼女の了承を得てつけた。

単行本にするにあたっては、いつもはげましてくれる晶文社の津野海太郎さんと、村上鏡子さんにお世話になった。ありがとう。

一九八二年九月

藤本和子

解　説

池澤夏樹

ここに書くのはぼくがこの本を読みながら思ったこと・考えたことだ。それが果たしてこの本の「解説」になるかどうか、ぼくにはわからない。大事な本の深い意味はそう簡単にわかるものではないから。

引用の多い断章ばかりになるのも許していただきたい。

世界を知るには、出かけて行って人々に会わなければならない。
会う相手はなるべく弱い人、いじめられている人、辛い思いで生きている人がいい。
聖書が「心の貧しい人」というのはあれは誤訳で、本当ならば「頼れるものがなくて心に不安を抱えている人」という意味だ。

真実はそういう人たちの心の中にある。

だから一九七〇年代に藤本和子はアメリカの南部に出ていって、四十人以上の黒人の女性に会って、彼女たちの話を聞いた。なぜ黒人で、なぜ女性なのか？　それは彼女たちがかつて社会的な状況のゆえに「頼れるものがなくて心に不安を抱えている人」であったからだ。

狂気を生き延びる。

生きがたい状況の中に置かれて、それでも挫けない。

それが「狂気を生き延びる」ということだ。

オーデンが書いて大江健三郎が小説のタイトルに使った詩句「われらの狂気を生き延びる道を教えよ」(Teach us to outgrow our madness)がここでも力強く人々の努力を照らす。

この狂気とは「黒人の北アメリカにおける歴史的体験のこと」であり、「アフリカからの離散、虐待、蔑視、貧困」のことである。

一九七二年にジョン・レノンはオノ・ヨーコに導かれて「女は世界の奴隷か」という曲をリリースした。これは少しごまかした訳で、もともとは「女は世界のニガー」だった。ニガー、黒人、今の言いかたならばアフリカ系アメリカ人。

ニガーは、そこに侮蔑の意が含まれているから、使ってはいけない言葉とされている。しかし侮蔑された状況を論じるにはとりあえずその言葉を使うしかない。一時的と限定した上で使ってみる。白人男性優位の社会で女であることとニガーであることは等価ではないか、とジョン／ヨーコは問う。女であってニガーである人たちは倍の荷を負わされている。「黒人であり女であるとは、この世でもっとも低い場所に押しこまれていることなのだ。白人から圧迫され、黒人の男たちから圧迫され」ている彼女らは、「この世のらばである」とゾラ・ニール・ハーストンの小説の登場人物は言う。

その登場人物、かつて奴隷であった黒人の老女の口調をそのままの英語で聞こう——

"De nigger woman is de mule uh de world so fur as Ah can see."

藤本和子が一九七三年に初めて会ったユーニスという女性はアフリカに行ってみて、そこでの体験から自分たちが狂気を生き延びた理由について啓示を得る——

彼らは特別にすぐれているのだ。あの無惨な大西洋の連行の航海を生きのび、二百年の奴隷の時代を生きのび、それからまたその後の百年を生きのびたのだから。それなら、あたしもきっとすぐれているのだ。個人としても、と思った。

そこに彼女は「あたしたちの民族の力を、接続点《コネクション》を見た」。それによって彼女はよりよく生きることに力を尽くし、「当時は黒人の女として、これ以上は昇れない」というところまで行ったけれど、そこで得た財団の幹部という地位を捨ててもっと自由に生きる道を選んだ(藤本は彼女の人生を何年も見ていたらしい)。同じことを作家のトニ・ケイド・バンバーラはこう言う——

わたしたちがこの狂気を生きのびることができたわけは、わたしたちにはアメリカ社会の主流的な欲求とは異なるべつの何かがあったからだと思う。アメリカ的な病ともいうべき物質主義と鬱病に、わたしたちはまだ一度も屈服したことはない。貧困のどん底にあるような黒人たちのこころを占めたのは物への欲求ではなく、何かべつのことだった。

こうやって藤本和子が出会った女たちの口から出る言葉の豊饒に読む者は圧倒され

る。その言葉を引き出す藤本のふるまいに強い共感を覚える。質問表など作らず、会見予定者の表も作らず、会った相手に紹介されて次に会う相手を決める。そういう連鎖が結果としてこの本を構成した。

途中のエピソードがまたこの本を生き生きとしたものに仕立てている。

高速道路など走ったことのない同乗者が道を間違えた藤本に「Uターンしよう」と言う話。高速道路でUターンはできないの、と説得して、しかたなくそのまま進んだら、なんと目的地に着いていた。

あるいは、付き合っていた妻子持ちの黒人の男に殺された黒人の若い女の葬儀に立ち会う話。

箴言めいた言葉も多い。

「生徒のこころの準備が整えば、おのずと教師が現れる」なんて、まるで禅の祖師が言いそうなことではないか。

「仕事《ワーク》」と「職業《ジョブ》」の違いのことをトニ・ケイド・バンバーラの娘が言う。言われて母親は改めてこの二つの違いについて考える。賃金や報酬が払われるのが「職業」。

黒人共同体の役に立つのが「仕事」。かつて日本では成人した者がなすべきことが二つあって、一つは「つとめ」、もう一つが「かせぎ」だった。日々の生活を維持するための現金を得るのが「かせぎ」、町内の祭りの準備などするのは「つとめ」だった。トニの娘が言う区別と同じだと思う。

家事をすること。

ユーニスが言う――

あたしには両親がいたけど、それでも子どもの時からいろいろ責任を持たされていた。だから子どもの能力というものはわかってる。七歳で、あたしは家族の食事を作った。息子は七歳で自分の朝食の用意ができるようになった。あたしはそれについて罪悪感を抱いたりはしないの。彼は冷凍のピツァを焼き、スクランブルエッグを作る。いま八歳半。娘は十二歳半。彼らは学校へ行く。それは彼らの責任の範囲。

同じように、沖縄県知事の玉城デニーが、「僕は一〇歳から母と二人で暮らしていたから、料理も食器洗いも洗濯も、アイロン掛けも全部自分でやらなくちゃいけなかった」と言う(選挙のためのパンフレット)。

ぼくも忙しい母に代わって小学生の頃から米を炊き、高校生になると料理一般を身につけた。自分の家庭を持ってからは主夫として家にいる時は台所に立っている。洗濯もアイロン掛けもやるべき時にはやる。イヴァン・イリイチが言うところの「シャドウ・ワーク」はぼくには親しいものだし、それは今もって男尊女卑である日本社会において一歩だけ女性の側に身を置くことでもある。

ぼくの小説の主人公は女性であることが多い。もっとたくさんのことができた筈なのにそれをしないで終わった母や、優秀な理系の研究者だったのに教授職を男たちに独占されて助教授のまま定年前に退職した伯母への思いが、頼子さんや修子さん、フリーダ＝ジェインを生み出した。

この本を読みながらぼくはずっと石牟礼道子の『苦海浄土』のことを考えていた。あれもまた近代工業国家で漁民という前近代的な地位に置かれ、なおかつ水俣病という宿痾を押しつけられた、つまりは黒人であって女であるというのと同じ二重の軛に苦しむ人々の話であり、決して単純なインタビュー集ではないがそういう側面も持つ偉大な文学作品である。

「塩を食う」ということ。

このタイトルはトニ・ケイド・バンバーラの長篇小説に由来するのだが、それを著者である藤本和子はこう説明する――

塩にたとえられるべき辛苦を経験する者たちのことであると同時に、塩を食べて傷を癒やす者たちでもある。蛇の毒は塩を食って中和する。「蛇の毒」は黒人を差別し抑圧する社会の毒である。

この説明にぼくは深く納得した。

二〇一八年十一月　白峰

本書は一九八二年一〇月、晶文社より刊行された。

塩を食う女たち 聞書・北米の黒人女性

2018年12月14日 第1刷発行

著 者 藤本和子《ふじもとかずこ》

発行者 岡本 厚

発行所 株式会社 岩波書店
〒101-8002 東京都千代田区一ツ橋2-5-5

案内 03-5210-4000 営業部 03-5210-4111
現代文庫編集部 03-5210-4136
http://www.iwanami.co.jp/

印刷・精興社 製本・中永製本

ISBN 978-4-00-602303-4 Printed in Japan

岩波現代文庫の発足に際して

新しい世紀が目前に迫っている。しかし二〇世紀は、戦争、貧困、差別と抑圧、民族間の憎悪等に対して本質的な解決策を見いだすことができなかったばかりか、文明の名による自然破壊は人類の存続を脅かすまでに拡大した。一方、第二次大戦後より半世紀余の間、ひたすら追い求めてきた物質的豊かさが必ずしも真の幸福に直結せず、むしろ社会のありかたを歪め、人間精神の荒廃をもたらすという逆説を、われわれは人類史上はじめて痛切に体験した。

それゆえ先人たちが第二次世界大戦後の諸問題といかに取り組み、思考し、解決を模索したかの軌跡を読みとくことは、今日の緊急の課題であるにとどまらず、将来にわたって必須の知的営為となるはずである。幸いわれわれの前には、この時代の様ざまな葛藤から生まれた、人文、社会、自然諸科学をはじめ、文学作品、ヒューマン・ドキュメントにいたる広範な分野のすぐれた成果の蓄積が存在する。

岩波現代文庫は、これらの学問的、文芸的な達成を、日本人の思索に切実な影響を与えた諸外国の著作とともに、厳選して収録し、次代に手渡していこうという目的をもって発刊される。いまや、次々に生起する大小の悲喜劇に対してわれわれは傍観者であることは許されない。一人ひとりが生活と思想を再構築すべき時である。

岩波現代文庫は、戦後日本人の知的自叙伝ともいうべき書物群であり、現状に甘んずることなく困難な事態に正対して、持続的に思考し、未来を拓こうとする同時代人の糧となるであろう。

（二〇〇〇年一月）